기도하는 모습에
無의 바람이 분다

© 押田成人
祈りの姿に無の風が吹く
地湧社, 東京 1990(4刷)

Translated by Kim Yun-Ju
© Benedict Press, Waegwan, Korea 1996

기도하는 모습에 無의 바람이 분다
1996 초판
옮긴이: 김윤주／펴낸이: 김구인

© 분도출판사(등록: 1962년 5월 7일·라15호)
718-800 경북 칠곡군 왜관읍 왜관리 134의 1
편집부: (0545)971-0629
영업부:〈본사〉(0545)971-0628 FAX.972-6515
〈서울〉(02)266-3605 FAX.271-3605
우편대체 계좌: 700013-31-0542795
국민은행 계좌: 608-01-0117-906
ISBN 89-419-9618-X 03230
값 5,500원

오시다 시게토

기도하는 모습에 無의 바람이 분다

김윤주 옮김

분 도 출 판 사

차 례

I. 존재의 울림

"실재(實在)의 말"이 여는 세계 13
　"이 꽃"이 베푸는 것 13
　의식의 세계에서 해방될 때 15
　일어난 그 일이 "실재의 말"(コトことば)을 한다 18
　여기 있는 것은 당신과 하느님뿐이다 21
　심오한 데서 오는 바람 25
　모든 것을 알 수는 없다 30
　존재와 연관해서 나오는 말이 소중하다 35
　지금이야말로 존재의 뿌리로 돌아가자 40

II. 무(無)의 바람

기도하는 모습에 무(無)의 바람이 분다 45
　깊은 데서 온 숨기운에 이끌리어 산다 45
　존재의 신비에 경외심을 가지고 접근한다 47
　정말 원할 때에 창문은 열린다 50
　교육은 존재에 대한 격려 54

현대의 수난 57
　세상과의 상극(相剋) ― 수난 57
　무(無)의 바람 따라 사는 생활 60
　수행의 바람직한 자세 63
　수행의 생활에 대한 박해 67
　역사의 본질은 수난 70
　숨은 수난자가 새로운 시대를 연다 74

샘과 생명을 지키다 79
　2만 년의 역사를 간직한 샘 79
　마을 사람들에게 구전되고 있는 샘의 물 81
　샘을 팔아넘긴 사람들 83
　샘을 지킨 사람들 86
　돌이킬 수 없는 개발로 인한 재해의 교훈 88
　고마운 것을 헛되게 하지 않는 참된 무상관 91

성사에 담겨진 종교의 핵심 93
　존재를 통해, 하느님으로부터
　넘치게 베풀어지는 것을 깨닫다 93
　내가 이 사람을 대신해도 됩니까? 96
　내 몸을 먹고 내 생명을 사시오 98

III. 활활 타오르는 것

학교가 아닌 학교 ·· 105
  본받음에 의한 교육을 ······································ 105
  교육에 수행과 생활노동을 ································ 107
  흉내가 아닌 독자적인 교육을 모색하다 ············· 109
  삶의 기본부터 다시 시작하자 ··························· 112

"사람" 속에 있는 불 ·· 115
  생명의 불을 실감하는 기쁨 ······························ 115
  불은 철저한 "정화"(淨化)다 ······························ 118
  그리스도교에 불의 신비성은 없어서는 안된다 ········· 121
  그리스도의 불로 태워지다 ································ 122
  불을 머물게 한다는 "사람"의 모습 ···················· 125

영적(靈的)인 것, 둘도 없는 귀한 것 ···················· 129
  일상 속에 있는 "축복"의 세계 ························· 129
  원폭(原爆) 반대와 영적 세계 ···························· 131
  거룩한 것과 경제와의 교차(交叉) ······················ 133
  현대문명을 구원하는 것 ··································· 135

자연스러운 자급자족의 생활 ································ 139
  깊은 통찰에 근거한 어림짐작 ··························· 139

모내기에서 배우는 각인각색의 멋 141
형식이 아닌 진짜 솜씨 뵘이란 142
정취 깊은 생활을 제 손에 의한 자급자족의 공간에서 ·· 145
자급자족하는 다카모리의 생활 148

숲의 부름에 응하다 159
"바곳" 이야기 159
현대문명과 산림(山林) 164

멀리 내다보는 눈과 "기"(氣)의 이야기 167
한 송이 크로커스를 보고 167
"기"(氣)와 호흡 170
인간의 깊은 내면에 울리는 기(氣) 172
의식을 떠나 자유로운 세계로 들어가다 173
"기"(氣)를 입기 위한 행보(行步) 176

어둠의 신비 179
독선의 어둠 179
축복받은 어둠으로 183

〈후기에 갈음하여〉
일본인들에게 직접 호소한다 ·· 191
  법의 실체(實體) ··· 191
  평화의 실상(實相) ··· 195
  "파파라기" 문명 ·· 197
  슬픈 업(業) ·· 199
  길〔道〕 ··· 202

I

존재의 울림

"실재(實在)의 말"이 여는 세계

"이 꽃"이 베푸는 것

오늘 아침 나는 눈을 뜨고 어쩐지 감옥에 있는 듯한 기분이 들었습니다. 지난 밤에는 여기 유가와라(湯河原)의 호텔에 묵게 해주어 신세를 졌지만, 내가 자유로이 갈 수 있는 곳이란 목욕탕뿐이었습니다. 방에 있으면 별별 사람들이 찾아오거든요. 그래서 오늘 아침에는 산책을 하고 싶었습니다. 산에라도 들어가, 아! 하고 한숨 돌리고 싶었던 것입니다.

그런데 이 부근에서는 어디로 가든 길은 여관으로밖에 통하지 않습니다. 그래 한참 돌아다닌 끝에, 버스를 타고 오쿠유가와라(奧湯河原)로 갔습니다. 여기까지 오면 산길이 있겠지 하고 생각했더니 여기도 마찬가지더군요. 마지막으로 상수도의 수원지로 가는 길을 발견하고 그 길을 걸었습니다. 불과 10분 가량 걸었지만 후유 하고 숨돌릴 수 있었습니다. 베풂을 입은 것입니다.

오늘 아침 그 길에서 딴 꽃이 "이것"입니다. 이게 오늘 아침의 "일"(일본어로 "こと")입니다. 사건이지요. 이제부터 나는 "이 꽃" 이야기를 하겠습니다.

이 꽃 무엇인지 아십니까? 이게 프랑스어로는 크레송(물냉이)이지요. 이것을 우리 지방에서는 말미나리(일본어로, 우마제리

= 馬ぜり)라 합니다. 마을 사람에게, 여기엔 좋은 게 많군요 하고 말하니, 그까짓 말미나리요, 말밖에 먹지 않아요 하더군요. "가당찮은 말이에요. 도쿄의 제국호텔에 가보세요. 이거 치킨 요리엔 반드시 곁들여지는 비싼 거요" 하고 일러주니까, "거참" 하고 놀라고 있었지만, 고장 따라 가치관도 다르더군요. 이게 "고토"(일본어 "こと"의 음역)입니다. 여기서 "고토"란 어떤 실재(實在)의 울림을 뜻할 것입니다("こと"는 일, 사건, 사실, 문제 등 다양한 의미로 쓰인다. 본서에서는 음역하거나, "實在的인 것[일]"이라 의역했다 ― 역자 주).

이 "고토"란 말을 한자로 고치면 일 사(事) 자를 쓰기도 하고 말씀 언(言) 자를 쓰기도 합니다. 짐작하건대, 중국 문화가 의식화되고 문명화되었을 때 이 두 가지 말로 갈라졌겠지만, 일본어에서는 양쪽 다 "고토"라고 읽고 있습니다. 구별할 수 없지요.

이 꽃을 보았을 때 나는 후유 하고 크게 숨을 내쉬었습니다. 이것이 "고토"(こと)입니다. 뭔가 베품을 받고 기분이 풀린 것입니다. 그리고 겨우 오늘에야 이야기를 할 기분이 생긴 것입니다. 이 "고토"(こと), 이것을 "고토호기"(ことほぎ)라고 합니다.

"고토호기"라 하면, 보통 어떤 일을 축하한다든가 어떤 축하의 말을 한다는 뜻이지만, 이것은 이미 내가 "이념(理念)의 말"이라고 부른 대로, 이론이나 캐는 말로 해석한 것이 아닐까요. "고토호기"란, "고토"(こと) 그 자체가 (굳어진 것이나 얽힌 것이나 맺힌 것을) 풀어준다[ほぐす]는 것입니다. "고토"(こと)에 의해 잘 풀린다(ほぐされる)는 말입니다. 이 꽃을 보았을 때에 나는 어떤 베품을 받았지요. 바로 이런 경우를 "고토호기"(ことほぎ)라고 하는 것이 아니겠습니까(역자는 이 "ことほぎ"란 말을 문맥에 따라 "實在의 祝福"이라는 의미로 이해하고 몇몇 대목에서는 그렇게 의역했다 — 역자 주).

오늘 아침 나에게 베풀어진 이 "고토호기"라는 것을 좀더 깊이 천착하면 굉장한 말이 들려옵니다. 그것이 바로 "고토고토바"(コトことば)입니다(이 "コトことば"도 "실재의 말"로 이해하고 곳에 따라 그렇게 의역하였으나 음역한 경우도 많다 — 역자 주).

강연을 위해 뭔가 원고를 써가지고 읽는다는 것은 이미 "고토"(こと)가 아닙니다. 그런 강연회라면 하지 않는 것이 낫겠지요. 강연회에 와주시는 사람들의 얼굴을 보지도 않고 어떻게 강연 내용을 미리 쓸 수 있습니까. 청중 여러분의 얼굴을 보고 어떤 이야기를 할 것인지는 그 자리가 아니면 모를 것입니다. 우리는 그런 세상에 살고 있습니다. 그런 세계로부터 베풂을 받고 있는 것입니다.

의식의 세계에서 해방될 때

이건, 대단히 중대한 문제를 이야기하기 시작한 것입니다. 현대 문명의 위기와 그 근원에 관한 문제요, 현대 교육의 위기와 그 근원에 관한 문제입니다. 그것은 "고토고토바"(コトことば: 실재의 말)의 문제입니다. 즉, 말이란 무엇인가, "고토"(こと: 실재적인 것)란 무엇인가, 산다는 것은 무엇인가, 역사란 무엇인가 하는 문제지요. 그런 모든 근본 문제에 대해 그 깊은 힌트를 주고 있는 것입니다.

나는 지난해 세밑까지 병원에 입원하고 있었습니다. 어느모로 나 그렇게 보이지 않을 것입니다. 그러나 퇴원했을 때 산으로 돌아가도 농삿일을 해서는 안된다는 말을 들었습니다. 그래 어떻게 할까 궁리하고 있을 무렵, 이즈(伊豆)의 스님이 잠시 쉬러 오라는 전갈을 보내왔습니다. 그래서 2,3일 쉬어 보자는 생각으로 그 절로 찾아간 것입니다. 그런데 그 스님이 "신부님, 저는 탁발(托鉢)하러 나가는데 함께 가실까요" 하더군요. 그래 나도 "아 그러면 함께 갑시다" 하고 나섰습니다.

이 스님의 탁발은 방울을 울리며 바리때를 들고 삿갓을 쓴 채 "허어!" 합니다. 먼저 "허어"라고만 합니다. 그리고 사람이 나왔을 때에 경문을 외우는 것입니다. 서너 집까지 함께 다니다가 그 뒤는 따로따로 다니기로 말이 되었습니다.

처음에 좀 난처했던 것은, 자 나는 어떤 경문을 외울 것인가 하는 문제였습니다. 지금의 그리스도교 기도 문구는 버터 냄새가 나서, 탁발의 말로서는 좀 어색합니다. 그래서 내 집에서 외우고 있는 기도를 조금 바꾸어 탁발을 했습니다. 혼자 방울과 바리때를 들고 "허어" 소리를 냅니다. 처음에는, — 어, 누가 나올까. — 아니, 기척도 없군. — 정작 누가 나오면 부끄럽겠는데, 하며 이런저런 생각을 할 수밖에요. 스님도 처음에는 아마 그런 여러 가지 생각을 했겠지요.

그런데 이쪽이 그 부끄러움이라든가, 그밖에 의식 속에 떠오를 만한 모든 것을 초월하여 덤덤하게 그저 "허어" 소리를 내면 결국 사람이 불려나오지요. 천천히 종이에 돈을 싸들고 상기된 얼굴로 나온답니다. 그리고 "아이고, 수고하십니다!" 하면서 공손히 그것을 바칩니다. 그때 불현듯 "만남"이 이루어집니다. 그 순간의 일을 그도 나도 평생 잊지 못합니다. 그것이 참된 만남입니다. 고마운 세계로부터 베풂을 받습니다. 해방되는 것입니다.

의식의 세계에서 고마운 세계로 해방되는 것, 이것이 "베풂"입니다. 그곳은 작은 어촌이었지만, 그래도 베풀고 베풀어지는 고마운 만남이 대여섯 번 있었습니다.

우리 수도회도 베풂을 받는 수도회이기 때문에 탁발 수도가 있습니다. 그런데 지금은 신학이라는 게 있습니다. 받은 물건이나 소유물에 마음이 사로잡히지 않는 것, 이것이 청빈, 곧 청백한 가난이라고 가르치고 있습니다. "이념의 말"로 설명하는 것입니다. 이런 것, 아무리 공부해도 저 탁발 때의 참된 베풂을 모릅니다. 아무리 그렇게 하지 않으면 안된다고 생각해도 그 참된 베풂을 받지 못합니다. 거짓말로 여겨지면, 수도원의 당가(회계 담당) 수사님한테 가서, 당신은 보시(布施)에서 베풂을 받습니까 하고 물어보세요. 틀림없이 그는 무슨 얘기인지 모를 것입니다.

이 참된 베풂이라는 것, 그것은 이념의 말로 설명되는 세계의 일이 아닙니다. 그것은 "고토고토바"(コトことば: 실재의 말)가 여는 세계입니다. 나는 단지 "허어" 소리를 낼 뿐입니다. 하지만 그것을 들은 사람에게는 뭔가 변화가 일어납니다. "고토"(こと: 실재적인 일)이지요. 그 일 자체가 이야기하는 것입니다. "고토"가 있으면 인간은 반드시 베풂을 받습니다. 그것이 "고토호기" (ことほぎ: 실재의 축복)입니다.

(사람을 일본어로) "히토"(ひと = 人)라고 하지요. "히토"(ひと)란 무엇입니까? "히"(ひ = 火)라고 하는 것은 영(靈)입니다.

영적 숨이 머무는 존재를 "히토"(人)라고 합니다. 그런 베풂으로 말미암아 사람이 사람다워지는 것입니다.

일어난 그 일이 "실재의 말"(コトことば)을 한다

미리 말해 두지만, 이념의 말이 나쁘다는 것은 아닙니다. 이념의 말만으로는 공허하다는 것입니다. 단식을 예로 들어봅시다. 단식을 하더라도 오늘은 단식이라는 걸 처음부터 알고 있지요. 오늘은 단식일이다, 오늘은 물밖에 마실 수 없다, 나는 정말 단식하고 있다. 단식한다는 건 큰일이야 등등. 요컨대 이념의 말(생각)들이 잡다하게 머릿속에 떠오릅니다. 단식이란 이런 것이라든가, 이러저러한 목적으로 한다든가, 그런 것. 아무리 이념의 말로 많이 알고 있어도, 또 그런 지식으로 아무리 단식을 해도 소용없습니다. 단식은 무엇 때문에 하는가는 단식을 하고 있다는 것을 정말 잊어버리지 않으면 모르는 것입니다. 단식이란 무엇인가, 이것은 역시 "실재의 말"(コトことば)이 여는 세계에서 파악될 일입니다. 이념의 말로는 미칠 수 없는 것입니다.

이렇게 "실재의 말"이 여는 세계에서 일어나는 일을 만나는 것, 그것이 수행이라는 것입니다. 학문에서도 그렇습니다. 학문이란 어떤 것인가 하면, 그 근저에 있는 것은 "실재의 말"입니다. 학문이라고 하면 교육과 관계가 있을 것 같으니까, 이제부터 교육론인가 하고 생각해서는 안됩니다. 당치도 않은 생각입니다. 지금까지의 이야기가 이미 교육론이었거든요.

예를 들어봅시다. 아르키메데스란 학자가 있었지요. 그는 물을 보고 있었는데, 나뭇조각은 동실동실 떠오르지만 쇠붙이는 가라앉습니다. — 왜 그럴까? 멍청하군, 쇠는 무거우니까 가라앉는 게 아닌가. 나무는 가벼우니까 뜨게 마련이지. 뭐 그리 심각하게 생각하는가? 하지만 왜 그럴까? 아르키메데스는 이런저런 궁리를 합니다. 아무리 궁리해도 모릅니다. 이젠 머리가 아파서 노이로제에 걸릴 것 같아, "그만하자 그만해, 목욕이나 하자" 하고 목욕통에 들어갔습니다. 그가 목욕통에 들어가서 물이 철철 넘쳐흘렀을 때, 그는 아! 하고 "실재의 말"(コトことば)을 들었던 것입니다. 그리고 옷도 입지 않고 튀어나와서, 자기가 들은 "실재의 말"을 메모했습니다. 이것이 아르키메데스의 원리입니다.

뉴턴도 그렇지요. 만유인력의 법칙은 생각하고 생각한 끝에 만들어진 것처럼, 교과서에는 모두 그렇게 쓰고 있습니다. 그것은 이념의 말에서 이념의 말이 생겨난 것과 같습니다. 새빨간 거짓말이란 바로 이런 것입니다.

뉴턴은 사과가 떨어지는 것을 보았습니다. 그것은 누구에게나 보이는 것입니다. 그러나 보통 때는 그 현상만을 무심히 바라보는 겁니다. 뉴턴은 어느 때 그것을 바라보고 갑자기 거기에 사로잡히고 말았습니다. 그리고 선뜻 귀가 틔어 뭔가 듣기 시작했는데 뭔지는 알 수 없었습니다. 그래 열심히 생각했습니다. 그것을 열심히 어떻게 설명해 보려고 했지만, 알 수 없었습니다. 그래서 단념하고 이젠 그만 생각하자며 거닐고 있을 때 또 사과가 뚝 떨어지는 것을 보았습니다. 이때 "실재의 말"(コトことば)을 들은 것입니다. 이것이 만유인력의 법칙입니다.

"실재(實在)의 말"이 여는 세계

그런데 지금은 "실재의 말" 같은 것 전혀 듣지 못해도 월급을 받을 수 있습니다. 참으로 딱한 시대이지요.

이 "실재의 말"(コトことば)에 관해 생각해 보면 한심합니다. 예컨대, 요즘의 어머니들이 아이를 안고 있는 것을 보세요. 정말 평온함과 고요함 속에 저절로 자애로움 넘치게 아이를 안고 있는 어머니가 얼마나 될까요. 오히려 어머니의 감정이 들썽거려 그 들뜸이 그대로 아이에게 옮아간 경우가 많지요. 어머니의 됨됨이를 그대로 아이는 물려받아 자라나므로, 아무리 이념의 말로 이론만 늘어놓아도 소용없습니다. 지금의 어린이들이나 어른들의 비극적인 모습을 보고 있으면, 뿌리는 모두 그런 데 있습니다.

그리고 어린이가 좀더 자라면 어머니의 인간다운 깊이라든가 통찰의 깊이라는 것이 매우 중요한 구실을 하게 됩니다.

언젠가 어떤 어머니가 아이를 데리고, 좌선을 지도해 달라며 찾아왔습니다. 예, 좋겠지요. 여기서는 아이가 떠드는 것쯤이야 아무도 방해를 받지 않으니까 안심하고 좌선을 하세요 하고 일러주었습니다. 그러니까 아이에게 책과 종이와 연필 따위를 주어서 혼자 조용히 놀게 하고, 어머니는 이따금 아이 쪽을 바라보면서 좌선을 하고 있었지요.

처음 한 시간 가량은 아이도 참고 있었습니다. 그런데 두번째가 되자 아이도 한계에 이르렀습니다. 나는 좌선을 하면서 이 승부가 어떻게 될까 생각하며 바라보고 있었지만, 아이는 역시 하느님의 지혜를 가지고 있었습니다. "엄마, 쉬할래"라고 말했지요. 승부는 결판났습니다. 아무래도 어머니는 그대로 앉아 있을 수 없게 되었지요. 별수없이 오줌을 누이려고 아이를 데리고 밖으로 나갔습니다. 그러자 아이는 쉬하고 싶지 않다는 거예요. 그래 어머니는 화를 낼 수밖에. "어째서 그런 거짓말했지, 거짓말 같은 거 하면 안돼!" 하고 말입니다.

그런데 이 어머니는 아직 뭘 몰랐던 것입니다. 사실 "실재의 말"(コトことば)을 아직 듣지 못한 거예요. 아이는 정말 곤란할 땐 쉬하고 싶은 겁니다. 그러나 안심이 되면 쉬하고 싶지 않은 겁니다. 이렇게 해서 "실재의 말"을 배워가는 것입니다. 그러니까 어머니 노릇이란 매일같이 목숨을 건 진지한 승부예요. 인간으로서 어떻게 살 것인가 하는 결사적 승부이지요.

아이는 이론으로 말을 배우지는 않습니다. 부모나 선생이 정말 참되이 살고 있다면 아이는 그것을 배우게 마련입니다. 그런데 소학교에 들어가기 전에도 이미 이상하게 키워져 왔겠지만, 소학교에 들어가서는 더욱 나빠지는 것입니다. 지성이란 무엇인가, 통찰이란 무엇인가를 생각해 보아야겠습니다.

여기 있는 것은 당신과 하느님뿐이다

이 "고토고토바"(コトことば: 實在의 말)라는 것은, 학문적인 경우도 포함하여, 뭔가 막다른 골목이 되었을 때라든가, 뭔가 곤란하게 되었을 때, 이런저런 어려운 순간에 맞닥뜨렸을 때에 문득 들려옵니다. 요컨대 "실재의 말"이란 좀더 깊은 의미를 찾아보면, 단박에 납득이 가지 않을는지 모르지만, 그것은 우리를 느닷없이 불안 속으로 던져버리는 그런 말입니다. 구약성서의 말씀들

도 모두 그렇습니다. 우리를 불안 속으로 툭 던져버리는 것입니다. 쉽게 알아들을 수 없지요. 사람의 만남에서도 그렇습니다.

내가 지금의 수도회에 들어왔을 때 처음 만난 신부님은 대단한 신부님이었습니다. 그래서 이 수도회는 굉장하구나 하고 생각했지요. 10년 정도 지나니까, 그는 예외로서 특별한 사람이라는 것을 차차 알게 되었지만, 어쨌든 나는 이 사람을 따라 수도원에 들어왔던 것입니다.

수도원에서는 여러 가지 일이 있었습니다. 언젠가 비내리는 날이 계속되어, 방 안에서 묵상하자니 울적하고 싫증이 났습니다. 그래서 베란다에서 묵상하려고 그리로 나가는 문을 열었습니다. 그런데 거기에 그 신부님이 정말 묵상하면서 걸어온 것입니다. 그래 방해해서는 안되겠다고 생각하여, 얼른 문을 닫으려고 했습니다. 그 순간 무섭게 호통치는 소리가 들렸습니다. "여기 있는 것은 당신과 하느님뿐이야! 왜 나에게 마음을 쓰는가!"

깜짝 놀랐습니다. 어째서 그토록 심한 꾸지람을 들었을까? 이런 의문이 언제나 마음 한구석에 남아 있었습니다. 왜 그랬을까? 몇 해가 지나서야 그 까닭을 차츰 알게 되었습니다만 …

사람들과 헤어져 사회를 떠나서 오직 하느님의 손에 의탁해서만 살기 위해 여기에 왔는데도 왜 너는 사람에게 마음을 쓰는가. 도대체 무엇을 보고 있는가. 현상만 보고 마음을 쓰고 있다. 대관절 여기에 뭘 하러 왔는가! 아마 이런 뜻이었던 것 같습니다.

어쨌든 이 사람이 하는 일은 보통 상식으로 생각하면 이상한 일뿐이었습니다. 예를 들어볼까요. 수도원에는 대침묵이라는 시간이 있습니다. 그 시간에는 어떤 작은 소리라도 내면 반드시 벌을 받습니다. 벌로는 복도닦이라든가 식당에 꿇어앉아 밥먹기라든가 여러 가지 일을 시킵니다. 당시는 그런 규율이 엄했습니다.

그 대침묵 시간에, 더구나 가장 중요한 아침 미사 전의 조용한 시간에 그의 방에서, 말하자면 책임자의 방에서 레코드 음악소리가 들려오는 것입니다. 게다가 그 음악은 바흐 같은 고전이 아닙니다. 외국 가요곡입니다. 디아나다빈의 "휘파람 부는 게 가장 좋아요. 행복해지니까 …" 하는 노랫소리가 들려오는 것입니다. 이게 무슨 일인가, 어떻게 된 것일까? 영문을 알 수 없었지만, 아무도 욕하는 사람이 없었고 못마땅하게 생각하는 사람도 없었습니다. 나는 이상한 세계로구나 하고 신기하게 생각했습니다.

그런데 그는 언제나 "동기가 문제요, 동기를 중히 여기시오. 발심(發心)이 문제요, 발심이 중요해요"라고 말하곤 했습니다. 그래 나는, 그가 방을 나서는 것을 보았을 때, 그 음악소리의 비밀을 알았습니다. 퍼뜩 얼굴이 마주쳤을 때, 그의 눈은 아직 졸음이 덜 가신 듯했어요. 신경이 아직 잠에 취해 있어, 얼른 정신이 들지 않은 것입니다. 그런 상태로는 미사를 드릴 수 없었겠지요. 그래서 어떤 방법으로든지 신경을 깨어나게 하지 않으면 안되었던 거예요. 그러니까 인간적인 일, 더구나 규칙 같은 거, 마음을 쓸 수 없었던 것입니다.

그런데 이렇게 그와 함께 지내는 동안, 무엇을 해도 자기, 자기, 자기밖에 없었다는 것이 무엇을 의미하는지 차츰 이해하게 되는 것입니다. 동기가 중요하다는 것은 무슨 말이겠습니까? 요컨대 이것은 자신의 의지라든가 노력이라든가 그런 것을 두고 하는 말이 아니지요. 과연 그렇구나, 영적 생활이란 (뭔가 신비로운 힘이) 살게 해주는 삶이라 할까. 이를테면 피안(彼岸)의 입김을 받아 숨쉬게 되는 삶이구나 하고 깨치는 것을 두고 하는 말입니다. 이것은 아무리 그럴 듯한 이론으로 설명하는 것을 들어도 알 수 없는 것입니다. 그러니까 교육이란 무엇인가를 생각할 때도 가르치려고 해봤자 소용없습니다. 곤란한 일이나 알 수 없는 일에 맞부닥쳐 스스로 배우게 하는 것이 중요합니다.

교육이라 하면, 우리가 살고 있는 나가노 현(長野縣)은 교육열이 대단한 곳입니다만, 그 중에서도 열심한 교장선생님들이 모여서, 우리는 교육을 어떻게 할 것인가 하는 문제를 놓고 10년 동안이나 정말 진지하게 토의해 왔다고 합니다. 그 결과 이 교장선생님들은, 문부성(文部省)의 교과서는 모두 쓰지 않겠다, 교재는 전부 우리가 만들고 싶다. 우리네 지방 실생활에 근거한 교재를 이제부터 만들어서 그것을 가르치겠다. … 이렇게 말했답니다. 그 얘기를 듣고 나는 말했습니다. "그러니까, 틀렸어!"라고.

생도들과 함께 교재를 발굴하도록 합시다. 그것이 교육이에요. 뭔가를 만들어 그것을 주려고 해서는 안됩니다. 실지로 함께 해보고 함께 통찰해서, 아 그런 것이구나, 아 그렇구나 하고 배우게 하는 것이 중요합니다.

예컨대, 히브리어에 "가르치다" 같은 말은 없습니다. 배우다, 배우게 하다, 배우게 함을 입다라는 말밖에 없습니다. 그것이 영국으로 건너가서 옥스포드 사전에서는 "배우게 하다"라는 말을 "가르치다"라고 번역했습니다. 당치도 않아요. 아주 틀린 것입니다. 한데 그런 것을 일본에 가져와서 서양적 학문 운운하고 있는 것이 바로 일본 사람들입니다. 멍청이가 아닐까요.

심오한 데서 오는 바람

이쯤에서 좀 정리해 보지요. "이념의 말"과 "실재의 말"(コトことば)은 어떻게 다를까요. 인간은 다소간에 이념의 말의 노예세계에서 살고 있기 때문에, 다음 도표처럼 풀이하지 않으면 이해하지 못합니다.

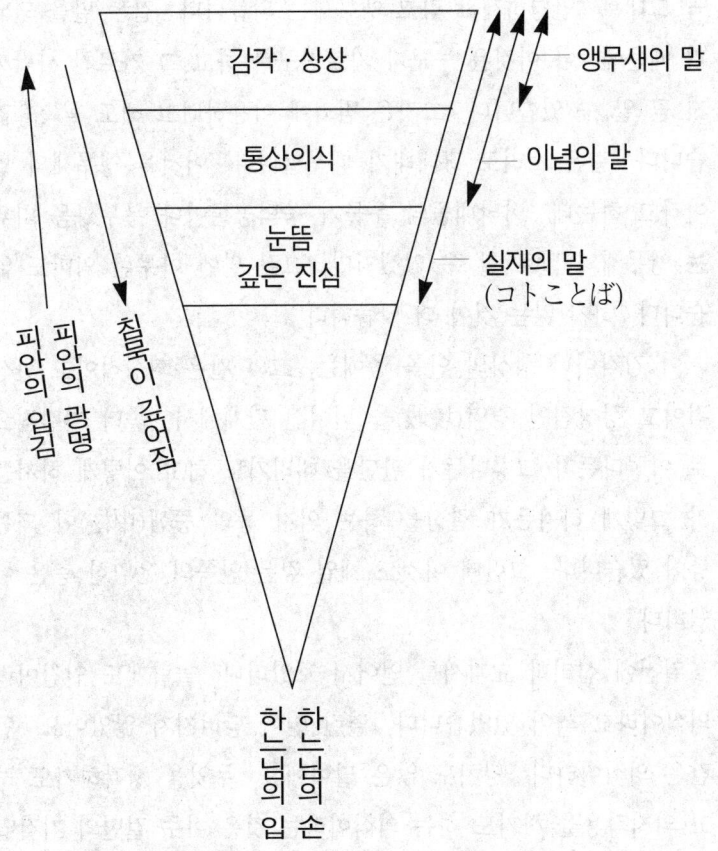

"실재(實在)의 말"이 여는 세계

인간 존재의 내면에는 여러 층이 있습니다. 그래서 복잡합니다. 인간이 다만 영적 존재였다면 이렇게 복잡하지 않았을 것입니다. 더구나 그 여러 층 가운데 표면층에 사로잡힐수록 본래의 모습과는 다른 양태가 나타납니다.

이 인간 존재의 겉면 쪽에서 감각이라든가 상상이라는 것이 작용합니다. 이 감각이나 상상의 세계에도 말은 있습니다. 앵무새의 말이라고나 할 그런 말들입니다. "안녕하세요"라고 가르치면 꼭 그대로 "안녕하세요"라고 앵무새는 외웁니다. 같은 말을 되뇌기 때문에, 아 이것은 누구가 가르쳤구나 하고 그 가르친 사람까지 곧 알 수 있습니다. 그것은 범죄에 이용하려고 해도 할 수 없습니다. 같은 소리로 흉내내기 때문입니다. 이것을 앵무새의 말이라고 하는데, 아낙네들의 우물가 쑥덕공론이나 부부싸움 따위는 앵무새의 말로 할 수 있겠지만, 그런 말엔 아무런 의미도 없습니다. 하지 않는 것이 더 낫습니다.

이 감각이나 상상의 안쪽 층에는, 그와 같은 피상적이고 환상적이고 상상적인 경역(境域)을 넘어선 단계에서, 좀더 자각적으로 이렇다든가 그렇다든가 판단을 내리기도 하고 이렇게 하자든가 그렇게 하자든가 결심을 하는 의지 등의 중핵(中核)이 되는 층이 있습니다. 그런데 이것도 제일 깊은 안쪽의 은밀한 층은 아닙니다.

일전에 심리학 교과서를 얻어서 보았더니, 놀랍게도 인간이란 의식이라고 씌어 있었습니다. 열린 입이 닫혀지지 않았어요. 인간은 의식이라니, 당치도 않은 말이에요, 무엇을 생각하기도 하고 의지작용을 하기도 하는 의식이라는 것은 아주 겉면의 지각입

니다. 그래서 앞에서 이야기한 대로 "여기 있는 것은 하느님과 당신뿐이다!"와 같은 소리를 들으면 그만 의식은 당황하지요. 하지만 의식의 안쪽 좀더 깊은 데서는 이미 그 말에 사로잡히고 맙니다. 왜 그럴까요. 의식은 열심으로 고민하겠지만, 그런 "실재의 말"(コトことば)을 받아들이는 깊은 층이 인간에게는 분명히 있습니다. 그렇지 않으면 받아들이지 못할 터이니 말입니다. 심층심리학이라는 것이 있지만, 그런 것은 모두 표면층의 의식과 혼동되고 있어서, 또 하나의 더 깊은 층은 명확히 이해되지 않습니다. 하지만 분명히 더 깊은 부분이 인간 내면에는 있습니다.

그것은 의식의 세계가 아닙니다. 거기서는 무엇에 의해선가 이끌립니다. 이끌리는 숨결이라 할까, 그 바람은 훨씬 깊은 안쪽에서 옵니다.

이 의식의 안쪽에는 또 여러 층이 있습니다만, 이념의 말이라는 것은 표면의 의식에 상응하는 말입니다. 우리가 보통으로 하는 말, 그리고 교과서 같은 데서 쓰고 있는 말은 모두 이념의 말입니다. 그 증거로, 중근동 지방에 또 한번 전쟁을 일으키고 싶으면 나에게 맡겨주세요. 간단합니다. 양쪽의 대표적 인물들을 만나게 하여, "자 이제부터 평화에 관해 의논해 주시오", 또는 "이제부터 인권에 관해 의논해 주시오", 또는 "이제부터 자유에 관해 의논해 주시오" 하면 됩니다. 그 자리에서 다시 전쟁이 시작됩니다. 왜 그럴까요? 이념의 말이라는 것은 언제나 자기중심적인 의식과 직결되어 있기 때문입니다.

그런데 "고토고토바"(コトことば: 실재의 말)라는 것은 그때그때의 독특한 울림이 있습니다. 이를테면 존재의 소리입니다.

앞에서 보여드린 이 꽃은 나에게 귀한 것을 베풀어 주었습니다. 말하자면 나를 자유롭게 해준 꽃입니다. 내 어디를 자유롭게 했는가 하면, 이 의식 속에서 사로잡혀 있는 이념의 말의 세계에 뻥 하고 구멍을 내준 것입니다. 요컨대 나는 유가와라마치(湯河原町)라는 곳, 어디에 가도 온천이고, 돈벌이라는 이념의 말에 사로잡혀 있어서, 모든 것이 돈벌이를 위해 조직화되고 도로고 뭐고 모두 기능화되어 있는 곳, 그래서 산길을 찾아 즐긴다는 것을 생각할 여유도 없는 곳에 있었습니다. 이를테면 그곳은 이념의 말의 감옥이었습니다. 완전히 의식만의 세계지요. 그 의식의 세계에 이 꽃이 빠끔하게 구멍을 내준 것입니다. 그러니까 나는 베풂을 받은 셈입니다.

"허어!" 하고 탁발을 할 때도 그렇습니다. 부끄럽다느니 뭐니 하는 의식이 싹 없어지고 거기에 구멍이 열리는 것입니다. 거기서 거룩한 세계를 만납니다.

그런데 이념의 말이란 그렇지 않습니다. 어디까지나 의식상(意識上)으로, 우리에게 자유란 이런 것이다, 인권이란 이런 것이다 하며 저마다의 입장에서 자기 주장을 하는 것입니다. 그러니까 서양적인 세계에서 아무리 평화회의를 해도 안됩니다! "실재의 말"(コトことば)의 세계에 들어가지 않는 한 절대로 평화는 오지 않습니다.

나는 중근동 지방에 한 번 불려간 적이 있습니다. 마침 미국의 키신저가 여기저기 돌아다니고 있을 무렵이었는데, 아랍인들과 유대인들 사이에 어쨌든 우정의 핵을 만들고 싶으니까, 당신 그 일을 위해 좀 와 주시오 하는 전갈이었습니다. 나는 그 말을 들었을 때, 아 이건 거기에 가면 죽겠구나 하고 생각했습니다. 어느 쪽에 의해선가 죽임을 당할 것이라고 생각한 겁니다. 하지만 어쨌든 해볼 만한 일이었습니다. 그런 경우엔 독신이 편하지요. 예, 가지요 하고는 곧 그리로 떠났습니다.

 그러나 거기서 내가 평화란 이러해야 한다느니 뭐니 생각하며 나서봤자 소용없습니다. 그런 논의는 아무리 되풀이해 봤자 어떤 변화도 일어나지 않습니다. 나는 다만 한 가지 원칙을 만들었습니다. 이념의 말, 곧 이론적으로 따지는 말이나 개념적인 말은 일체 쓰지 마시오, 당신이 일상 쓰는 보통 말로 정말 속으로 생각하는 것을 단순하게 말해 주시오. 지금 당신이 가장 절실하게 원하는 것은 무엇이오. 가장 단순하게 말해 보시오 — 나는 이렇게 당부했습니다. 그러면 다음과 같은 말이 나오게 마련입니다.

 "죽임을 당하기 싫소! 가족이 죽임을 당하는 것도 싫소! 다른 이가 죽임을 당하는 걸 보기도 싫소!" — 아랍인이 이렇게 말하는 것을 유대인이 듣는다면, 그 소리가 그 자신의 살아 있는 몸에 생생히 울리지 않을 수 없습니다. 인간의 살아 있는 몸과 몸에 사무치게 울립니다. 이것이 "실재의 말"(コトことば)입니다.

 이념의 말에 사로잡혀 논의하고 있는 동안은 절대로 평화 같은 거 오지 않습니다. 서로 상대방의 "실재의 말"을 듣기 시작하면 이미 화해의 길로 접어든 것입니다. 어느 정도까지 무기를 감축할 것인가 하는 방법 따위는 최후의 해결책이 아닙니다. 하기야 일시적으로 무기를 감축하는 것도 좋겠지만, 근본 문제는 그런 것이 아니지요. 그러니까 집합적 교육을 받고 이념의 말로 교육된 사람들을 몇 천만 명 모아봤자 평화 같은 거 오지 않습니다. 종교책을 아무리 읽어도, 그리고 아무리 명상을 해도 소용없습니다.

모든 것을 알 수는 없다

그런데 앞에서 말한 바와 같은, 소위 학문의 우상화는 어디서부터 시작될까요. 학문뿐 아니라 인간관계에서도 그렇지만, 도대체 어디서부터 그런 이상한 일이 비롯되는가 하는 것이 문제입니다.

학문이라 해도, 이 "실재의 말"(コトことば)에 뿌리를 박고 그 존재의 신비에 스스로 열려 있어야 본래의 모습입니다. 그런데 예를 들어, 뭔가 발견한 것, 알아낸 것을 두고 진리다, 절대적 진리다 하며 의식 속에 갇혀 버렸을 때, 그리고 이념의 말만 일삼을 때, 학문은 우상이 되어버립니다. 가령 물리학의 경우, 우선 물리학이 대상으로 삼고 있는 물질적인 세계에 대하여, 무엇보다 그 신비에 대하여 스스로 열려 있는 동안은 괜찮습니다. 하지만 어떤 발견을 하고 그것이 절대적 진리라고 생각할 때, 그것이 곧 우상이 되어버리는 것입니다.

생체실험(生體實驗)이라는 것이 있지요. 인간을 알기 위해 산 채로 해부하고 여러 가지 데이터를 취합해서, 이것이 인간의 모습이다, 육체의 모습이다 하는 것입니다. 그렇지만 틀립니다. 자연의 모습에 손을 대거나 특별한 환경 속에서 관찰한 그런 결과는 이미 자연의 진리도 아무것도 아닙니다. 그것은 생체실험을 한 경우의 한 가지 결과에 지나지 않습니다. 우상에 빠져버리면 그것을 모른답니다! 그것이 진리라고 주장하기 시작합니다.

핵무기(核武器)는 진리가 아녜요. 핵물리학은 일종의 생체실험이에요. 그리고 그런 실험은 진리를 찾기 위해 한다든가, 그러니까 그것을 나쁘게 응용하는 자가 나쁘다든가 말하는 것은 가당치 않은 이야기예요. 물리학자들은 그렇게 말하고 있지만, 학문이 우상화되고 있는 사실을 모릅니다.

이 아픔을 깨닫기 시작한 것이 슈바이처나 도모나가(朝永) 씨, 유가와(湯川) 씨 등입니다. 이들은 핵무기가 만들어졌을 때, 학문을 근본적으로 반성하지 않으면 안된다고 호소했습니다. 뭔가 위험을 느낀 것입니다. 지금 반핵운동(反核運動)을 하고 있는 친구들은 그런 아픔을 모릅니다. 그러나 아메리카 인디언들은 그 아픔을 깊이 느끼고 있습니다. 물리학의 전문적 지식은 없겠지만, 뭔가 날카로운 감각이 있는 것 같습니다.

이 존재의 신비에서 나오는 말이란 그런 데서부터 울려 오는 것입니다. 그리고 그 울림이 의식의 세계에도 울려 퍼집니다. 그것이 학문이 되기도 하고 고전적(古典的)인 것이 되기도 하지만, 그것이 의식의 깊은 안쪽에서 나오는 울림이라는 것을 알고 있는 동안은, 아직 창이 열려 있는 셈입니다. 그런데 창이 닫히고 이것이 진리라고 주장하기 시작하면, 그런 울림은 자아의 겉면 밑에 갇혀버리고 맙니다. 이것이 바로 우상입니다.

현대 인류는 학문과 기술을 우상화하고 있습니다. 그러니까 보세요, 성서나 불경의 주석학자들을 포함하여, 모두 무의식적으로 이렇게 생각하고 있습니다. "우리는 모든 것을 알 수 있다"고 말입니다. 당치도 않아요. 결코 알 수 없는 거예요! 신비로운 울림은 들을 수 있겠지요. 하지만 모든 것을 알 수는 없습니다!!

그 구체적인 예를 보여드릴까요. 독일의 학자가 식물에 필요한 원소는 칼륨이다, 질소다, 인(燐)이다 하며 이런 과학적 발견을 했을 때, 야 대단한 발견이다, 이제부터는 농업도 근대화시킬 수 있다고 하며 화학비료라는 것을 만들었습니다. 화학비료를 쓰고 있는 친구들은, 보라, 수확이 곱이 되었다, 와 굉장하군 하며 법석거렸지요. 그런데 10년이 지나니까 어떻게 되었습니까? 흙이 끈적끈적해졌지요. 일본의 모든 논은 지금 납색[鉛色]으로 변했습니다. 예전의 쌀은 몇 해라도 저장할 수 있었는데 지금의 쌀은 한 해만 지나면 분해하기 시작합니다. 이젠 모두 그런 쌀을 매일 먹고 있습니다. 암에 걸리지 않는 것이 오히려 이상하지요.

그리고 근대화 덕분에 논이나 밭을 기계로 갈 수 있습니다. 작은 경운기를 사용할 때는 그래도 괜찮은 편이었습니다. 신슈(信州)의 그 산골의 그 작은 마을에서도 모두 트랙터를 가지고 있습니다. 덕분에 농민은 또 돈을 빌리지 않으면 안됩니다. 그런데 도쿄의 한복판에 가보세요. 굉장히 큰 농기구 회사 빌딩이 서 있어요. 이것이 근대화라 한답니다. 학문과 기술의 우상화지요.

아메리카에서 농업의 근대화를 시작했지요. 물이 없는 곳에서는 그 사막에 우물을 파서 지하수를 끌어올려 스프링클러로 경작지에 뿌립니다. 처음에는 기뻐했습니다. 기막히게 좋았지요. 그런데 지금은 어떻습니까? 지하수가 말라버려 모두 결딴났습니다. 시야에 들어오는 모든 것이 시들어 버렸지요. 농업이란 그런 식으로 할 수 있는 것이 아닙니다. 흙이 어떤 것인지 아직 모르고 있는 거예요. 또 물은 어떤 것입니까? 물이란 단순한 H_2O가 아닙니다. 그걸 알지 못하고 있는 거예요!

다만 어떤 병리적 상태인 경우, 그 부족한 것을 공급하면 그 나름의 효과는 있습니다. 하지만 정말 진실한 학자라면 언제나 뭔가 의문을 가지거나 걱정을 하지 않으면 안됩니다. 부단히 두려운 마음으로 전체를 잘 관찰하면서, 그저 임시로 잠시 처방에 필요한 것을 사용해야 할 것입니다.

겨울엔 추워서 거름을 만들 수 없습니다. 그래서 가을에 모아둔 짚이나 낙엽에 질소를 조금 뿌리면 썩습니다. 나도 전에는 이렇게 질소를 조금 사용한 적이 있습니다만, 이듬해에는 벼가 투명해지고 금빛이 되는지 어떤지 노상 지켜보곤 했습니다. 우리는 그런 구체적인 "실재의 말"(コトことば)로밖에 판단할 수 없습니다. 그런데 오늘의 농민은 "실재의 말"로써가 아니라, 전부 농협 지도원이 말하는 이념으로 농사를 짓고 있습니다. 천 미터 고지의 농사도 평지의 농사도 같은 방식으로 짓고 있는 것입니다.

우리는 도대체 무엇인가, 어떤 존재인가? 정말 우리는 신인가, 과연 전지전능한가? 훌륭한 학자일수록 겸손해집니다. 이젠 노벨상을 받고 기뻐할 그런 시대가 아닙니다. 학문이 무엇을 하고 있는지 정말 심각하게 반성해 보세요. 그런 기분이 될 수 없을 것입니다.

그런데 이런 학문과 기술을 우상화한 그 결론은 어떠합니까? 요컨대, 무엇이든 알 수 있다. 그리고 알았을 때에는 무엇이든 만들 수 있다는 거예요. 무엇이든 알고 있으니까, 무엇이든 가능하다는 말이지요. 그렇게 해서 실제로 구체화시켜 만든 것은 무엇이든 사용하고 싶어집니다. 그러니까 필연적으로 히로시마(廣島)와 나가사키(長崎)에 원자폭탄이 떨어지게 된 것입니다. 이런 정신이 도사리고 있는 한은 어찌할 도리가 없습니다. 자기들 위에는 떨어뜨리지 않지만, 상대방 위에는 떨어뜨려도 괜찮다는 거예요.

그때의 경위를 토마스 머튼이라는 사람이 시(詩)에 쓰고 있습니다. 나는 가까운 장래에 그것을 공개적으로 발표하려고 생각합니다. 그 시에 의하면, 정치가도 군인도 대단한 학자도 모두 한결같이 원폭의 사용을 인정하는 도장을 찍었답니다. 반대한 것은 미국 해군의 총지휘관뿐이었습니다. 인정할 수 없다고 거부한 것은 오직 한 사람뿐이었어요. 한 번 있었던 일은 두 번 있을 수 있습니다. 사람의 윤리는 변하지 않으니까요. 아니, 오히려 그때부터 윤리는 눈에 띄게 땅에 떨어지고 있어요. 그리고 전쟁이 없다는 증거는 어디에서도 찾아볼 수 없습니다.

모든 일이 컴퓨터로 컨트롤될 수 있다고 하지만, 컴퓨터라는 것이 얼마나 위험한 것인지 알고 있습니까?

얼마 전에 나리타(成田) 비행장에서 도항 수속의 확인을 몇 번이나 받고, 샌프란시스코에 도착하여 입국 수속을 하려고 하니까 내 이름이 없다는 것이었습니다. 컴퓨터가 어디선가 잘못되었겠지요. 이런 경우 도대체 누가 책임을 집니까? 아무도 책임을 지지 않을 것입니다. 컴퓨터로 컨트롤되고 있다는 것이 얼마나 무서운 일인지 몰라요. 윤리적으로도 기술적으로도 아무런 보증이 없습니다.

현재 미사일의 발사 버튼을 누를 권한은 지방 사령관에게 전적으로 위임되어 있습니다. 만약에 그 사람이 마약환자라면 어떻게 될까요? 아메리카의 대학생은 모두 마약에 한 번은 손을 댄 경험을 갖고 있습니다. 어디선가 그런 버릇이 다시 도질는지 모른답니다.

그런데 지금의 일본의 대학들을 보세요. 그런 우상숭배자나 예배자들을 아직도 양성하고 있습니다. 거기에 대한 반성은 아무도 가르치지 않습니다. 물리학은 좋다. 그러나 응용을 잘못해서는 안된다 따위 말이나 할 일이 아니라는 것을 조금도 가르치지 않고 있습니다.

이제까지 종교가는 이런 정치·경제·학문을 비판하면서 종교가들 자신은 예외라고 생각해 왔습니다. 당치도 않아요. 성서의 주석도 불경의 주석도 다 같은 정신입니다. 그저 알려고만 하는 것입니다. 모든 것을 알 수 있다고 생각합니다. 가당치도 않아요. 결코 알 수 있는 것이 아닙니다.

이 "실재의 말"(コトことば)을 알아듣기 위해서는, 아무래도 인간이란 곤란한 일과의 어떤 연관, 불안과의 어떤 연관이 있어야 합니다. 그런 연관이 없으면 절대로 이 "실재의 말"이 들려오지 않습니다. 우리의 의식에 구멍이 열리고 — 특히 절망에 직면한 의식에 구멍이 열려서, 존재의 신비와 마주 대하지 않으면, 이 깊은 "실재의 말"은 나오지 않습니다.

존재와 연관해서 나오는 말이 소중하다

이념적인 말과는 달리, 이 "실재의 말"(コトことば)은 존재 전체에 울려 퍼지는 힘을 가지고 있습니다. 퍼뜩 뭔가 깨달을 때의

말도 모두 그렇습니다. 의식을 뛰어넘어 존재 전체에 연관되는 말입니다. 일본어와 일본의 문화는 이 "실재의 말"의 문화입니다. 일본의 문화뿐 아니라 무릇 인류 문화의 본질은 이 "실재의 말"입니다. 결코 이념의 말이 아닙니다.

그런데 맨 먼저 명치(明治)의 학문이 시작되었을 때에, 일본어를 통일하자는 말을 하기 시작했습니다. 말이란 통일하는 것이 아니지요. 통일하자는 것 자체가 벌써 이념의 말입니다. 이념으로 통일된 말이 아닌 "실재의 말"을 중히 여기세요. 거기에 뿌리가 있습니다.

아기가 태어났을 때 어떻게 합니까? 갓난아기가 편할 때 맨 처음 내는 소리는 으아, 으아 ― 예요. 엄마가 뭔가 해주기를 바랄 땐 힘을 넣어 우, 우, 우 ―, 매 ― 가 되지요. 태아학교 같은 거 없어도 그렇게 됩니다. 말은 존재에서 나오는 것입니다. 그것이 "실재의 말"(コトことば), 곧 사건입니다. 갓난아기는 태어난 뒤 일 년 동안에 이런 "실재의 말"을 200가지 가지게 됩니다. 다시 일 년이 지나면 2,000가지가 됩니다. 오늘의 언어학이 이런 것을 설명할 수 있습니까?

일본어에서는 흔히 "그건 (멋진) 수(手 = て)군요"라고 말합니다. 이 "수"(手)라는 말에는 뭔가 좋은 수법이라는 뜻이 들어 있지만, 그것만이 아니지요. 또 알맞은 때의 알맞은 수단을 발견했다는 뜻도 들어 있지만, 역시 그것만이 아닙니다. 이것은 "실재의 말"이기 때문에 설명할 수 없는 것입니다.

일본어로, 나는 "하나시비토"(話し人: 말하는 사람)라고 하면 머리가 돈 겁니다. 당연히 "하나시데"(話し手: 말하는 쪽 = 사람)라고 말합니다. 여러분은 "기키데"(聞きて: 듣는 쪽 = 사람)이지요(일본어 "手 = て"는 원래 "손"을 의미하는데 그밖에 … 쪽 = 사람, 입장, 솜씨, 수단이나 방법, 능력 등 다양한 뜻으로 사용된다 — 역자 주).

이 "데"(手 = て: 입장)가 중요합니다. "데"(입장)로 말미암아 "고토고토바"(コトことば: 실재의 말)가 생기게 됩니다. 이것이 인생입니다. 이런 일을 할 수 있는 것이 인간입니다. 이리하여 피안(彼岸)으로부터 오는 "데"(手: 손, 입장, 힘)와 "고토고토바"(コトことば: 실재의 말)로 이야기할 수 있게 되면 그것이 "사람"(ひと)입니다. 곧 영(靈)이 머물러 있는 사람입니다. 이 영을 이끌어 내어 머물게 해주는 것이 교육입니다. 하지만 학자들이란 이젠 안되겠어요. 이미 우상이 들어찼거든요.

이 "데"(手 = て: 쪽 = 입장)는 존재와의 연관을 가리킵니다. "고토고토바"(コトことば: 실재의 말)란 이 연관, 곧 존재에 대한 자기 자신의 연관과 떼어놓을 수 없습니다. 그 존재와 연관된다는 실존의 근본에 있는 것이 "구멍"입니다. 앞에서 말한 "구멍"입니다.

그런데 오늘날의 사회는 곤란한 일이나 불안은 죄다 지워 없애려고 합니다. 구멍 메우기를 위해서는 얼마든지 노력합니다. 한편 (마땅히 해야 할 수고는 덜려고) 손[手]은 어디까지나 뺍니다. 손을 빼고 수고를 덜수록 좋은 것입니다. 손을 빼고 얼마만큼 수고를 덜고 얼마만큼 효율을 올리느냐가 중요한 관심사입니다. 이제 손을 빼고 수고를 덜기, 구멍을 메우기에 열중하는 사회가 되었습니다.

"실재(實在)의 말"이 여는 세계 37

이 사회가 어떻게 되어가고 있는지 압니까? 아기 출산 때에, 병원의 의사선생의 근무시간에 맞추기 위해서 아기가 태어나는 것을 늦추는 주사를 놓는답니다. 그리고 태어나면 어머니 곁에 놓아두지 않아요. 즉시 데려다가 영아 돌보는 모든 일을 화학적으로 처리합니다. 그리고 자기 애인지 아닌지 알아볼 수도 없게 되었을 때쯤, 잠깐 안아다 보여주며 이게 당신 아기요 하는 것입니다. 죽을 때도 그렇지요. 슬퍼하며 울 시간도 없어요. 잠시 여기서 기도하고 싶다고 해도, 안됩니다. 시간이 없습니다. 자 다음 사람! 따위 말이나 듣습니다.

그러니까 모두 같은 얼굴을 하고 있습니다. 온실의 꽃과 같습니다. 곤란하더라도 정말 힘을 다해 일을 해보지도 않고, 손 빼고 수고 덜기, 구멍 메우기만 하다 보니 모두 온실의 얼굴이 된 것입니다. 신비로움이 가득 차 있어, 그 앞에서는 두손 모아 빌고 싶어지는 그런 얼굴을 한 사람은 이젠 없습니다. 인도의 나병환자들이 많이 모여 사는 곳에서는 그런 어머니를 만날 수 있습니다. 그 앞에서는 절로 합장하고 싶어집니다. 하지만 일본에서는 찾아볼 수 없습니다. 이것도 다 지금의 교육의 결과이겠지요.

언젠가 국민학교 2학년 또래부터 유치원 아이들까지 모아놓고 이 구멍의 이야기를 한 적이 있습니다.

자, 여기 물이 들어 있지요. 왜 그럴까? 구멍이 있기 때문이죠. 자 보세요, 이 물을 마십니다. 구멍이 있을까요? 어, 물이 들어갔어요. 구멍이 있군요. 구멍이 있는 거예요. 하하, 모두 열심히 얘기를 듣고 있군요. 어떻게 듣지요? 봐요, 여기 귓구멍이 있기 때문이죠. 이상하지요.

이렇게 말해 주니, 유치원 어린이들은 눈을 크게 뜨고 듣고 있었습니다. 그런데 국민학교 2학년 또래는, "뭐야 시시해, 구멍 얘기잖아" 하는 것입니다. 구멍이라는 것을 신비롭게 느끼지 않습니다. 그저 관념으로서 느끼고 있는 것입니다. 학교에 가면 끝장이에요. 이렇게 (감성이) 죽임을 당하는 거예요. 신비를 빼앗기고 맙니다. 인간으로서의 본모습이 죽임을 당하는 것입니다!

또 어린이들에게 말했습니다. "자 보세요, 여기 봐요. 싹이 돋아났지요. 막혀 있으면 싹이 돋아나오지 못합니다. 구멍이 있으니까 나오는 거예요. 하늘나라 얘기를 들었습니다. 하늘나라란 구멍이에요. 구멍이 없으면 들어가지 못해요. 구멍으로 하늘나라에 간답니다." 그랬더니 이튿날 아침 어린이들이 "구멍 신부님!" 하며 달려왔습니다. 하늘나라는 정말 구멍이냐고 물어요. "그래요" 하니까 자못 진지한 얼굴에 심각한 표정을 짓고 있었습니다. 그 어린이들의 마음 속에 뭔가 남은 겁니다. 구멍이란 신비로운 것이구나 하는 느낌이 남은 겁니다.

이것이 진짜 철학자의 기초가 되는 것입니다. 이런 것이 바로 교육이라는 거예요. 존재의 신비와 연관을 가지게 해주고, 일에 직접 손을 대게 해주는 것입니다. 일 년간의 교육 계획을 세우는 등 부질없는 짓 잘도 하지요. 해도 괜찮지만 곧 그만두세요.

대학은 졸업해도 좋습니다. 졸업하지 말라고는 말하지 않겠지만, 되도록 빨리 나오는 거예요. 졸업하면 졸업증서는 즉시 찢어 버리세요. 나는 대학의 졸업증서 따위 지금까지 한 번도 써먹은 적이 없습니다. 친구가 대학의 교수로 있지만, 나는 학문이란 무엇인가 하는 이야기를 그들에게 한답니다. 그 나는 무엇을 하고

있는가 하면 농사꾼이지요. 하지만 "실재의 말"(コトことば)이 울리는 세계에 살고 있고, 언제나 넓게 열려 있습니다. 농사꾼은 해마다 일학년생이니까요.

여기에 오기 전의 일입니다. 어떤 농부가 논에 이상한 것을 열심히 뿌리고 있었어요. 무엇을 뿌리고 있느냐고 물었더니 겨를 뿌리고 있다는 것입니다. "그래요, 이걸 뿌리면 쌀에 단맛이 나지요" 하는 것입니다. 홍, 선생보다 내쪽이 아직은 한수 위지요 하는 말투였습니다. 그건 사실 그렇습니다.

지금이야말로 존재의 뿌리로 돌아가자

나는 여기서 마지막으로 여러분에게 중대한 나그넷길에 오르라는 권고를 하고 싶습니다. 모든 사람은 정말 자기 형제 자매들을 구하고 싶으면, 모든 것을 버리고 지금 당장 나그넷길에 오르는 편이 낫습니다. 지금의 사회는 붕괴하고 있는 사회입니다. 붕괴에 집착할 필요가 없습니다. 예컨대, 지금 내가 말한 것을 종이에 쓴다고 합시다. 서양의 종이, 화학적으로 처리된 이런 종이는 백년이 지나면, 불과 한 세기 정도만 지나면 분해하기 시작합니다. 나라(奈良) 시대의 문헌은 오늘날까지 전해져 오고 있습니다. 그것은 종이가 분해하지 않기 때문입니다. 건물도 몇 천 년이 지나도 남아 있습니다. 아니 일만 년에 걸친 건축의 역사가 있었습니다. 그런데 현대의 콘크리트 건물을 보세요. 여기서 단절되고 말았습니다. 역사는 사라진 것입니다. 미래에 대해 아무것도 남길

것이 없습니다. 오늘의 문명의 산물은 전부 붕괴하게 마련입니다. 이를테면 붕괴의 문명입니다. 원자폭탄이 파괴하지 않아도, 우리는 파괴해 왔고, 지금도 파괴하고 있습니다. 그런 문명에 집착할 필요는 없습니다.

나그넷길에 오르지 않으면 안됩니다. 그리고 뿌리로 돌아가지 않으면 안됩니다. 존재의 신비로 돌아가야 합니다. 바로 지금이 그런 시대입니다.

II

무(無)의 바람

기도하는 모습에
무(無)의 바람이 분다

깊은 데서 온 숨기운에 이끌리어 산다

― 흔히 종교에서 "공"(空)이라든가 "무"(無)라든가 말하지만, 실제로는 현실 생활에서 좀처럼 실현되지 않습니다. 그것은 본디 실현될 수 있는 것입니까? 그것이 교육이나 생활에서 실현된다면 어떤 모양으로 드러나게 되는가 하는 문제에 대해 말씀을 해주셨으면 합니다.

무를 받아들이는 방식은 사람마다 다르다고 생각하지만, 현실적으로 반야(般若)의 빛을 받지 않으면, 적어도 무라는 것을 그 본래의 의미대로 파악할 수는 없습니다. 그렇지 않은 경우 그것은 단지 무에 관해 이야기한다는 것뿐이지, 무를 직접 그 본인의 말로 이야기한다고는 할 수 없겠지요.

이른바 무라는 표현으로 뭔가 나타낼 때는 우리의 감정적·의지적·이성적 가치관이라는 것을 넘어선 곳을 가리키고 있습니다. 더 깊은 곳에 근거하여, 피안(彼岸)에서 온 빛으로 바라보고, 피안에서 온 숨기운에 이끌릴 때 무가 됩니다. 소위 기존의 인간적 가치라든가 이성적 가치는 없어지는 것입니다. 그런 깊은 곳에서 보면 이성이라든가 우리의 가치관은 덧없는 것이지요. 그때그때 아주 새로운 가치관이 절로 생겨납니다.

무가 실현된 실제 생활이 어떤 모양으로 드러나는가 하면, 예컨대 몹시 명예심이 부추겨졌을 때, 혹은 명예심을 부추기는 계획이 자기 자신 안에서 또는 주위 사람들 가운데서 나왔을 때에 거기에 전혀 유혹을 느끼지 않는 것입니다. 그런 사람이 있다면, 그는 무를 살고 있습니다.

인간은 모두 꿈을 가지고 있습니다. 아무리 훌륭한 사람이라 할지라도 꿈을 가지고 있습니다. 종교가라 하더라도 꿈을 가지고 있습니다. 그 가지고 있는 꿈을 실현하는 수단으로서, 여러 가지 가능성이 있게 마련이지만, 그 대표적인 것이 돈입니다. 돈과 관계된 가능성이 보일 때에, 그 가능성 때문에 (마음이) 흔들립니다. 그런 일이 전연 없으면 무를 살고 있는 거예요.

명예나 돈 때문에 움직이지 않고, 오직 깊은 데서 온 숨기운에 이끌려 살고, 오직 깊은 데서 발하는 빛을 즐긴다, 이런 삶에 몰입한 사람은 무를 살고 있는 사람이라고 할 수 있을 것입니다.

참된 생명을 살고 싶은 사람들 가운데서 무를 사는 사람이 있는 경우에는 그런 사람을 통해 구체적인 방향성의 지시라든가 길잡이가 여러 가지 모양으로 나타나리라고 생각하지만, "이승"적인 지향성을 가지고 살고 있는 이 세상 사람들 가운데서는 그런 사람이 바로 주위 사람들과 적대하는 자로서 드러나겠지요.

권위라는 것에 관해 말하자면, 예컨대 하느님의 권위와 지상의 권위는 역시 다른 것이며, 어느 한쪽을 절대화하려고 생각하면 서로 부딪칩니다. 예를 들면 국가가 그 국가주의에 의거하여 국가적 사고방식을 절대화하고 전쟁을 하려고 할 때에, "아니 그것은 헛된 짓이요. 문제는 그런 게 아니다"라고 말한다면 역시 이런 사람은 국가의 권위로 투옥되거나 처형될 것입니다.

그러니까, 무를 살고 있는 모습이 드러나게 되면, 대립이라든가 싸움이라든가 그런 모습도 나타나는 것이 당연하다고 생각합니다. 그것은 싸우기 위해서 싸우는 것이 아닙니다. 무릇 인간이 가지고 있는 업(業)이라는 것이 그렇듯이, 자기 나름의 가치관이나 꿈으로 움직이는 인간과, 그것은 덧없는 것이라고 지적하는 이와의 사이에 일어나는 필연적인 운명적 사건이라고 생각합니다만(어쨌든 그런 대립이 있습니다).

"이승"적인 거짓을 알아차리고 뭔가 하지 않으면 안된다고 세상 사람들이 안달하고 있을 때에는, 무를 살고 있는 사람들과의 사이에 대화가 있게 되고, 거기서 역사의 새로운 지혜가 나오는 것입니다.

그런 의미에서, 풀뿌리 같은 사람들과 무를 사는 사람과의 대화라는 것은 공산주의 국가나 자유주의 국가를 막론하고 가장 중요한 것이 아닐까요. 그런 대화로 서로 통할 때에, 지금과 같은 세상에서도 삶의 의미라는 것을 느끼지 않을까요.

존재의 신비에 경외심을 가지고 접근한다

교육에서도 컴퓨터 교육이라는 것이 이야기되고 있지만, 인간성이나 인간관계에 역효과가 생기지 않는가 하는 점을 잘 관찰하고 깊이 생각하지 않고서는 결론을 못 내린다는 사고방식이 일본에서는 아직 일반적으로 널리 퍼져 있습니다. 그것은 존재 감각과 연결되어 있기 때문에, 무를 사는 사람과의 대화의 길이 열려 있는 셈입니다. 그것은 하나의 밝은 국면이긴 합니다.

지금의 의학도 무를 사는 입장에서 보면 매우 오만한 구석이 보이지만, 반대로 존재의 신비성이라는 것에 정말 감동하면서 엎드려 대화를 해가는 태도가 만약 의학의 주류를 이룬다면, 이것은 훌륭한 일입니다.

물리학에서도 그렇다고 생각합니다. 소위 인간 지성의 소업(所業)이라는 입장에서라면, 모든 존재는 주체나 객체로 나뉘어 있다느니, 혹은 모든 존재는 병립(竝立)하고 있다느니, 혹은 모든 존재는 현존하는 갖가지 유형(類型) 가운데서 파악될 수 있다느니 하는 관점에서 사물을 봅니다. 이것은 전적으로 인간의 소업에서 비롯된 관점이며, 무의 입장에서 보면 그렇지 않습니다.

모든 존재는 둘도 없는 귀중한 개체인 채 서로 통하여 어울리고 서로 포용하고 있으며, 논리 따위 입장에서는 도저히 파악할 수 없는 존재의 신비를 온전히 살고 있다고 봅니다. 더구나 그 하나하나가 둘도 없는 고유한 역사를 지니고 그 역사 안에서 대화를 합니다. 우주의 몇 백억 년이라는 그 무게가 지금 그 존재와의 대화 속에 있다고 보는 것입니다.

그러니까, 예컨대 원자면 원자, 혹은 분자라는 것에서 뭔가를 끄집어내어 거기서 추상(抽象)해서 뭔가 눈앞에 보여주려 하거나 혹은 달리 조직하려 하는 것은 무의 입장에서는 생각할 수 없는 일입니다. 이 우주의 존재, 그 (유기적) 관계라는 것은 그런 일을 할 수 있는 것이 아닙니다. 그것을 인간의 소업이란 입장에서 무리하게 강행한 결과의 한 가지가 원자폭탄이지요. 그것은 역겨운 것이며, 진리도 아니고 아무것도 아닙니다.

진짜 존재에 대하여 경외심을 가지고, 더구나 직접 접근하여 연관을 맺는다는 참마음을 가질 때, 그 진실한 태도에 호응하여 자연의 분명한 모습이 드러나게 마련이며, 이와는 달리 스스로 무엇이나 알 수 있다는 소업과 뽐내는 자세 앞에서는 자연이 명백한 진실 같은 것을 드러낼 리가 없습니다. 그 소업의 모습, 그 교만한 마음에 어울리는 모습밖에 나오지 않습니다. 역시 인간은 자기 존재의 분수만큼밖에 보지 못합니다.

그러니까, 원자폭탄을 만들었다는 것은 그런 마음을 가지고 있었다는 말입니다. 그 동기가 몹시 역겨운 것이었다는 말입니다. 그것은 현실의 사실이에요.

무를 사는 자의 입장에서라면 그런 것을 똑똑히 보여주며 말해야겠지요. 그런 의미에서는 정말 무를 사는 사람들이 많이 나타나는 것이 현대에는 가장 긴급한 일이며, 실상 무의 경지에서 사는 사람들이 적은 것은 가장 한탄스러운 일이라고 생각합니다. 다만 나는, 민중 가운데서는 무를 사는 자의 소리를 듣고 싶어하는 귀가 현실적으로 더욱더 깊어지고 있다는 것을 느낍니다.

동시에, 핵무기나 원자폭탄도 그 역겨운 점이 정치적으로 혹은 경제의지적(經濟意志的)으로, 계획적으로, 정책적으로 매우 뚜렷하게 드러나지 않았는가 생각합니다. 그렇게 되면 인류 전체는 역시 무를 향해 열린 세계로 교정(矯正)되지 않을 수 없습니다. 무를 사는 사람들이 인류를, 곧 일반 사람들을 그런 쪽으로 교정해 가리라고 생각합니다. 이제부터는, 무를 사는 사람들과의 대화라는 것이 시작되지 않을 수 없으리라고 생각합니다.

불경도 그렇습니다. 반야심경(般若心經)의 주석을 하고 있는 유명한 교수들이 쓴 책이 최근 여러 군데서 나오고 있지만, 그것은 무를 사는 말이 아니고, 무에 관해 머리로 생각한 말입니다. 그런 것 아무리 읽어도 전혀 반야심경이 되지 않습니다.

그런 무를 사는 세계에 "관한" 해설이 너무 많아서, 사람들은 이상한 착각을 하게 되지 않았을까요. 그건 아주 다른 세계인데도 말입니다. 그것을 학문이라는 이름으로, 무에 관해 얘기하는 세계에 권위를 가지게 하는 것입니다. 거기에 보수를 주고 있는데, 정말 무를 살고 있는 사람들에 대한 보수란 없는 것입니다.

농업에서도, 유행에 미혹되지 않고, 하나하나 무엇과도 바꿀 수 없는 존재와의 대화, 둘도 없는 귀중한 소리와의 대화를 계속해 가면 됩니다. 그런 곳에서도 만약 무를 살고 있는 사람이 있다면, 학자에게서는 찾아볼 수 없는 "발견"이 있을 것입니다. 그것은 참된 의미에서의 지성(知性)이며, 그런 의미에서의 학문이 되어준다면, 뭐라고 할까, 낙천적인 기분을 학문에 대해서도 가질 만하지요.

정말 원할 때에 창문은 열린다

— 아기와 같은 무(無)의 상태에서 다시 한번 자각을 거쳐 무에 도달하는 과정이 매우 중요한 것 같습니다만. 어떤 경우에 무라는 세계를 만날 수 있겠습니까?

무를 산다는 것은 말하자면 다시 한번 아기가 되는 것이지만, 그 때 무라는 것은 주어지는 것이지, 노력해서 얻을 수 있는 것이 아닙니다. 아기가 주어져서 존재하는 것처럼, 새로운 존재의 상태는 주어지는 것입니다. 그것은 원하는 자에게 주어집니다. 정말 간절히 바랄 때 말입니다. 창문이 열릴 때에 주어집니다. 그것이 불교요 종교입니다. 그리스도교의 기도도 그런 것입니다.

— 창문을 열면 평안함이 있다. 평안함은 창문이 열리면 주어진다. 어느 쪽이 먼저라고 말할 수 있을까요.

이것은 불교에서 말하는 "줄탁동시"(啐啄同時)입니다. 계란 껍질 속에서 병아리가 쪼는 것과 동시에 어미닭이 밖에서 쪼면 껍질이 깨어진다는 말입니다. 병아리가 쪼았기 때문인지 어미닭이 쪼았기 때문인지, 어느 쪽이 먼저인지 전혀 설명할 수 없습니다. 창문이 열리니까 바람이 들어오는지, 바람이 창문을 열었는지, 어느 쪽이라고 잘라 말할 수 없습니다. 바람이 들어오는 것과 창문이 열리는 것, 두 가지가 함께 일어나는 하나의 동시현상이지요.

— 그런데 지금은 창문을 열기 어렵게 만드는 시대이지요.

열기 어렵게 만들수록 허무해집니다. 그 자체가 존재할 수 없게 됩니다. 현재 식료품들을 보아도, 속에 든 것을 속이고 대량생산을 하고 있는 것이 많지만, 예컨대 암(癌)과 관련이 있다는 자각이 생기면 그런 속임수는 쓸 수 없게 됩니다.

— 정말 알게 된다면 말이지요.

예, 점점 그런 직관이 깊어지게 되겠지요.

— 먹거리에 관해서도 무(無)라는 것이 현성(現成)되는군요. 여러 해 농사를 계속하고 계시니, 먹거리와 무에 관해서 좀 말씀해 주십시오.

먹거리의 무(無)를 느끼는 것은 혀라고 생각합니다. "이거다" 하는 맛이지요. "이거다" 하는 맛을 느끼고 있을 때에는, 단맛과 매운맛이 알맞게 잘 조화되어 있다든가, 그 조화점이라든가, 신맛과 단맛이 꼭 알맞은 시점이라든가, 그런 식으로 설명할 수 없는 거예요. 시니까 달다, 다니까 시다, 그 신비! 거기에 닿았을 때에 "이것이 맛이다"라고 말하는 것입니다. 존재의 중핵(中核)을 자각한 거지요. 그런 자각은 혀가 무에 이르지 않으면 나오지 않습니다.

그런데 지금의 요리는 그렇지 않습니다. 요리가 머리로 계산되고 있습니다. 그것은 두뇌로 모든 것을 알고 밝히려는 일종의 응어리입니다. 예컨대 설탕은 얼만큼 넣어서 단맛을 함유케 한다든가, 이 요리의 맛은 본시 이런 조합(調合)으로 낼 수 있다든가, 이것이 본시 카레라이스의 맛이라든가, 이것이 본시 이 요리의 맛이라든가 하는 따위입니다.

그런 것은 맛도 아니고 아무것도 아닙니다. 응어리예요. 맛이라는 것은 무의 상태에서만 나타납니다. 그리고 진짜 순수한 혀만이 그 맛을 포착할 수가 있습니다. 어떤 신부가 이렇게 말했습니다. "다카모리(高森)에서 여러 가지 일이 있었지만, 그 순무〔蕪菁〕의 맛이 좋았던 일만은 평생 기억하고 있다." 그는 캐나다 사람이지만, 일본에서 그런 맛좋은 순무를 먹어 본 적이 없었던 것입니다. 그것은 무의 맛이에요. 그것을 그 신부는 즐겼던 것입니다.

  인간이 본래의 자연 그대로라면 그런 맛을 즐길 수 있는 거예요. 그런데 어렸을 때부터 그렇지 않은 맛보기에 익숙해지면 아예 모르게 되는 것입니다.

― 순무의 맛. 그 특성을 끄집어 내어 보여줄 수는 없지요.

그것이 맛의 본체예요. 꼭 알맞게 맞추어서 맛을 낸다, 그럴 수 있는 게 아닙니다. 그것은 삶의 직각(直覺)이지요.
  그런 맛을 즐기는 곳에서는 언제나 두 손을 모으게 됩니다. 고맙습니다. 잘 먹겠습니다 하는 말이 절로 나옵니다. 인간의 몸도 거기서 언제나 눈뜨게 되는 것입니다.
  그러니까 수도자들 가운데 얼마는 참된 맛이 나는 것을 직접 생산하지 않으면 안된다고 생각합니다. 근대농사법이 아니라 자연농사법으로 말입니다. 그렇게 하지 않으면 기도 같은 거 모두 거짓이 되어버리지요. 그 "고맙습니다" 하는 마음이 있으면 기도를 익히고, 경문을 익히게 된다고 생각합니다.

― 무와의 접점(接點)은 구체적인 사실에 있군요.

그것이 참된 무의 빛을 받아 살고 있는 사람의 맛을 내게 되면, 그 사람의 영(靈)을 맛보게 되는 것입니다.

교육은 존재에 대한 격려

— "무위이화"(無爲而化)란 말이 있습니다마는, 교육에서 사람이 사람에게 자극받는 장면도 같은 것을 생각케 하는데 어떻습니까.

서로 무(無)가 되었을 때에 뭔가 눈뜨게 된다든가, 발견한다든가, 받아들인다든가 하는 것을 말하겠지요. 동행(同行)교육이라는 것도 그런 것이겠지만, 어린이들은 역시 만남에 의해 정말 자라지요. 그밖의 성장 같은 거 있을 수 없습니다. 학교교육에서 중요한 것은, 선생의 무를 행하는 태도, 자애로운 태도로서, 그런 태도를 대했을 때 뭔가 확 깨칠 것입니다. 그것이 교육이지요. 가르쳐 키운다는 것이 아닙니다.

내 중학교 시절의 제일 중대한 추억은 선생님께서 100점 만점의 시험에서 나에게 120점을 준 일입니다. 그때는 왜 선생님께서 120점을 주었을까 하고 의아쩍게 생각했습니다. 하지만 사실 그것이 정말로 존재의 격려였다는 것을 깨달았지요.

"인간은 왜 호흡하는가"라는 문제였습니다. 생물 교과서에는 동물이 어떻게 호흡하는지, 자세히 씌어져 있습니다. 그런데 인간이 왜 호흡하는가라는 문제에 대해선 그런 거 써봤자 쓸데없다고 나는 생각했습니다. 그래서 궁리했지요. 30분이나 말입니다.

결국 조금 타협해서 교과서에 씌어 있는 내용을 두서너 줄로 짤막하게 간추리고, 그 뒤에 "인간이 호흡하는 것은 살기 위해서다"라고 쓰고 "살기"에 방점(傍點)까지 찍었습니다. 그 이상은 어떻게 해볼 도리가 없었지요. 애써 짜낸 끝에 그런 답을 썼지요. 그랬더니 120점을 받은 것입니다.

계단식 교실에서 네 개 클래스가 합동으로 수업을 받는 자리에서 한 사람 한 사람 호명하여 점수를 알려주었어요. 내 차례가 되어, 30점이나 40점이겠지 하고 생각했지요. 그것이 120점이었던 것입니다. 그 이유는, 이 이상의 답은 할 수 없다, 어떻게 설명하든 이 이상의 답을 할 수 없다는 것입니다.

나는, 그 일을 그 선생님께서 우리에게 던진 뭔가를 어떻게 해서든 받아들이려고 한 내 태도에 대한 격려였다고 이해하고 있습니다. 그 격려가 120점이었다고 말입니다.

역시 점수를 생각하거나 머리로 이런저런 궁리를 하고 있는 동안은 그런 태도에 이르지 못합니다. 답을 쓴다는 생각은 아예 버리고, 선생님의 그 수(手)를 어떻게 받아들이면 좋을까 하고 고민했습니다. 그것이 선생님께서는 기뻤던 것입니다. 인생이나 교육이라는 것은, 뭣에 관해 설명하고 논문을 써서 박사 학위를 받는 것과 같은 그런 시시한 세계가 아닙니다. 예술의 세계나 기술의 세계에서도 그렇습니다. 무(無)를 행하는 태도는 어느 분야에서도 나타날 수 있습니다. 그것이 인생이며, 그렇기 때문에 사는 기쁨이 있고 행복이 있는 것입니다.

어떤 은수자(隱修者)가 형의 집에 묵으면서 목욕을 하였을 때 더운 물을 끼얹는 소리가 전혀 나지 않아서, 형이 감동했다고 합니다. 물은 귀한 것이니까 사막의 은수자는 더운 물을 쫙쫙 끼얹을 수 없습니다. 고맙게 생각하면서 물을 쓰겠지요. 그러니까 물소리가 전연 나지 않았다는 것입니다.

 절약하라는 것이 아닙니다. 모두 물을 사용할 줄 모른다는 말입니다. 아무리 절약을 강조해도 에너지 문제는 언제까지나 해결되지 않습니다. 아이들은 점점 더 사치스럽게 되고, 더욱더 에너지를 가지고 싶어합니다. 아무리 전력(電力)을 늘려도 그것이 행복으로는 이어지지 않을 것입니다.

 무의 경지에 이르면 행복이 충만하여 쓸데없는 일을 할 틈이 없어요. 그것이 인생입니다.

현대의 수난

세상과의 상극(相剋) — 수난

— 오늘날 우리는 화폐경제를 기반으로 하는 가치관 속에서 살다 보니, 여기 다카모리 초암(高森草庵)에서 영위되고 있는 것과 같은 생활을 하는 것이 이따금 허용되지 않는 수가 있습니다. 그러니까 다카모리 초암을 만드실 때에는 물론, 그후 오늘에 이르기까지 갖가지 어려움에 부닥치지 않았을까 생각합니다. 거기에는 그리스도교에서 말하는 수난이라는 의미가 깃들였음을 느낍니다만 어떻습니까.

하긴 확실히 수난이라는 것은 매우 소중하고 중요한 문제를 내포하고 있습니다. 그러나 수난의 자세 역시 실제로는, 꽃에도 여러 가지 모습과 색깔이 있는 것처럼 갖가지 국면과 양상이 있지요. 그래서 이것을 뭉뚱그려 하나의 이야기로 일반화하여 말하려고 하면, 그것은 학문과 같이 되어버리고 우상화하고 마는 것입니다. 그 결과 수난이라는 것이 과거의 사건이 되어버리고 현대에 살고 있는 우리와는 관계없는 것이 되고 맙니다. 당치 않습니다. 현대의 문제로서도 수난이라는 것은 소중한 울림을 가지고 있는 것입니다.

그러면 현대의 수난이란 무엇인가. 이 경제 중심의 가치관, 그 유통기구 속에서 모든 것이 움직여지고 있는 현실에서 어떤 모양의 수난이 있겠는가 하는 점을 궁리해 보면, 이 문제를 직접 살펴볼 수 있는 하나의 상징적인 장(場)으로서 탁발(托鉢)이라는 생활이 있다고 생각합니다.

탁발하러 다닌다는 것은, 역시 자본주의 경제 속에서 완전히 조직화된 사회에서 살고 있는 사람들 가운데를 다니며 동냥한다는 것입니다. 농부가 자신이 농사지은 쌀을, 이것은 내 공물(供物)입니다 하고 바치는 경우는 오히려 매우 드뭅니다. 그보다 그런 유통기구 속에서 우연히 자기 손에 들어온 것을 바치는 게 보통입니다.

그런데 정작 바치는 경우에는 전연 다른 입장에서 바치지요. 그런 경제 구조 같은 것 모두 잊어버리고, 수고하십니다, 고맙습니다 하며 바칩니다. 이쪽이 만약 그 탁발로 돈을 얻어 오늘의 생활을 한다는 생각을 가지고 동냥하고 있다면, 그런 반향(反響)이 나오지 않습니다. 정말 천상천하 무일물(無一物)의 자유로운 바람 속에서, 이쪽이 참으로 그런 것들로부터 떠나서 오직 사람들 앞에 서서 묵묵히 방울만 울린다는 한 가지 사실로 말미암아 서로 깊은 것에 눈뜨게 되는 것입니다.

이것은 역시 하나의 수난행(行)입니다. 하긴 탁발이라는 것은 부끄럽지요. 보통으로 일을 하고 돈을 받지요. 그런데 아무것도 하지 않고 다만 사람들의 집 앞에 서서 거지처럼 딸랑딸랑 방울이나 울리고 돈이나 물건을 받고 있으니 말입니다. 사회적으로 말한다면 부끄러워해야 할 행위지요.

이와같이, 탁발생활이라는 것은 근본적으로 세속적 가치관과는 반대되는 일을 하기 때문에, 세속은 본능적으로 그것을 미워하게 마련입니다. 세속이란 대개 자기와 같은 것을 받아들이고 있으면 안심이 되지만, 근본적으로 다른 것은 본능적으로 부정하고 결국 배척까지 하게 됩니다. 이 세속의 증오, 배척, 다시 말해서 세속과의 상극(相剋)이 본디 수난의 근원입니다. 이것이 곧 그리스도교의 수난이요, 종교인의 수난이요, 본래의 모습 그대로 살려는 인간의 수난입니다.

그리스도교에서도 수도생활, 수행(修行)의 생활이라는 것을 중요하게 여깁니다만, 그 근원에는 세 가지 서원(誓願)이라는 것이 있습니다. 그 하나는 순종의 서원이라고 하는데, 자기가 하고 싶다고 생각하는 일이나 올바르다고 여기는 일을 하는 것이 아니라, 오로지 하느님의 뜻을 따른다는 그런 서원입니다. 그러기 위해서는 역시 자기가 죽고 참으로 하느님의 뜻이 눈에 보이게 되지 않으면 그리 할 수가 없는 것입니다. 그러나 하느님의 뜻이라는 것은 그렇게 뚜렷이 눈에 보이지 않는 것이 보통입니다. 그래서 장상(長上)이나 공동체와 대화를 하며 인내심을 가지고 하느님의 뜻이 나타나기를 기다리는 것이 종종 필요합니다.

또 하나는 정결의 서원이라는 것으로, 인간관계의 집착에 일체 얽매이지 않고 오직 하느님하고만 산다는 서원입니다. 또 하나는 청빈의 서원이라고 해서, 재물의 소유라든가 사물의 포로라는 사슬을 아예 벗어나서 살겠습니다 하는 서원입니다. 이 세 가지 맹세를 하느님에 대해 하는 것입니다. 말하자면, 자본주의 곧 화폐경제의 사회에서 청빈의 서원을 세우고 그 소원을 이루겠다고 마음먹고 살아가는 것입니다. 하지만 화폐경제 중심의 사회에서 살다보면 수도회도 역시 어느 정도의 돈이 필요하게 마련이어서, 은행에 예금을 합니다. 신자들로부터 기부금을 받으면 거기에 넣습니다. 그러다가 가령 수도원을 수리하고 싶은데, 어떻게 할까, 거기에는 얼마가 들 터인데, 지금 예금은 이만큼 있다, 그러면 해봅시다 하고 이야기가 되지요. 모자라면 기부금을 받읍시다 하는 말도 나오고 이것저것 생각하지요. 거기엔 천상천하 무일물(無一物)의 바람이란 불지 않습니다.

수도회는 돈을 가지고 있지만, 요컨대 각자는 한푼도 가지고 있지 않다는 곳이며, 꼭 돈이 필요할 때는 담당자에게 가서 필요한 만큼 받아 쓰고 후에 회계보고를 하는 것입니다.

그러니까 개인적으로는 돈을 가지고 있지 않을는지 모릅니다. 하지만 가족이 돈을 가지고 있으면 혼자서는 가지고 있지 않다 하더라도 부자의 아들이지요. 가지고 있는 것과 마찬가지입니다.

아무래도 그것은 탁발하고 있을 때의 그런 바람은 아닙니다. 그런 바람은 불지 않지요. 그러니까 역시 그리스도교에서는 수난, 수난 하고 말하고 있지만, 그것은 과거의 기억이 되어버리는 것입니다.

무(無)의 바람 따라 사는 생활

그런 것이 싫어서, 거짓이 싫어서 여기 다카모리(高森) 땅에 온 것입니다. 그러니까 여기서는 나 혼자가 아니라, 한 집단이 탁발이란 무의 바람 따라 사는 생활에 몰입하고 있습니다. 그저 하나의 기준이라 하면, 열 사람의 경우 그 중 한 사람이 병에 걸려서 한 달 가량 입원할 정도의 돈은 있어도 괜찮지만, 나머지는 가지지 말자는 것입니다.

그러니 이상해요. 집 앞에서 방울을 울리며 탁발하고 있는 것도 아닌데 잇따라 은혜를 받을 수 있는 겁니다. 예컨대 이 오두막집을 세울 때의 일입니다. 처음에 돈은 5,6만엔 정도 있었을까요. 그것과, 얻은 재료, 그밖에 얼마간의 재료를 사서 보태어 세우기 시작했습니다. 그런데 순식간에 돈도 없어지고 재료도 동이 났습니다. 허허, 이젠 얼마 동안 쉬어야 하는가 하고 생각하고 있는데 "선생님!" 하고 찾는 소리가 들려요. "이런 재목이 있는데 받아주시겠습니까" 하는 것입니다. 결국 쉬지 않고 집을 지었습니다.

여기에 와서 21년이 됩니다만, 끊임없이 그런 일이 되풀이되었습니다. 그것은 탁발입니다. 그러니까 전혀 물건도 없고 돈도 없을 때는 정말 기뻤지요. 먹을 것도 없다, 기쁘구나 하고 좋아해도 그것이 하루도 가지 않습니다. 하긴 더 이상 어찌해 볼 도리가 없어서 날품팔이라도 하자며 한 주간 정도 교대로 밖에 나갔던 일이 두 번쯤 있었습니다. 이런 식으로 살다 보면 정말 아무것도 없을 때의 기쁨이란 대단한 것입니다. (영적인) 바람이 부는 것입니다.

이런 생활을 보고 있던 도쿄의 친구들이, "선생님, 그것은 다카모리(高森)이니까 가능하지요. 도쿄에선 할 수 없어요" 하는 것입니다. "흠, 그럴까" 하고 시작한 것이 도쿄 간다(神田)에 있는 오모이 초암(思草庵)입니다. 도쿄에서도 여기 다카모리(高森)

에서와 같이, 아무도 월급을 받지 않고 좋은 일을 하는 공동체가 가능한지 어떤지 시험해 본 것입니다.

그런데 마찬가지로 할 수 있었습니다. 진보초(神保町)의 한복판에 집을 빌릴라치면 전세 보증금만 해도 대단할 것입니다. 그러나 찾아보니까, 그런 곳에도 역시, 트럭이 지나가면 흔들릴 듯한 건물이 아직 있었습니다. 그래서 방을 빌렸지요. 하지만 책상도 없고 히터도 냉방장치도 없고 아무것도 없었습니다. 흠, 아무것도 없구나 하고 중얼거리면서 시작한 것입니다. 그러고서 얼마 뒤 어느 날 가까운 거리를 거닐다 보니, 책상, 의자 등 이것저것 필요한 것들이 길가에 쌓여 있었습니다.

이거 어떻게 된 것입니까 하고 물으니, 실은 정리하지 못해 애먹고 있습니다 하는 것입니다. 아, 그렇습니까, 정리해 드릴까요 하니, 예 정말입니까, 고맙지요, 대단히 죄송합니다 하기에, 죄다 넘겨받아 가져왔지요. 그러니까 마찬가지예요. 거기서 책을 만들 때도 처음에 3천 부를 찍습니다. 그것이 다 팔릴 무렵에 그 판 돈으로 또 2천 부를 찍거나 천 부를 찍는 식으로 이럭저럭 계속하고 있지요. 벌써 10년 이상이나 될 것입니다.

요컨대 탁발의 삶이란 분명히 수난의 생활입니다. 하지만 거기에는 역시 고마운 바람, 무의 바람이 붑니다. 그것이 역사의 의미라고 할까요. 어떤 사회이냐에 관계없이 인간이 사는 의미라고 생각합니다. 나는 그것이 종교가 보여주는 참된 삶의 의미요, 그것이 서원의 의미라고 생각합니다.

그런데 지금은, 그리스도교의 경우, 순종의 서원, 청빈의 서원, 정결의 서원이라는 것을 학교에서 공부하지요. 그리고 머리에 집어넣어 그것을 지키도록 하니, 의식 속에서 그것을 생각하는 것입니다. 그러니까 그것은 의식의 세계에 머물러 있습니다. 무의 세계가 아니지요. 그것이 문제입니다.

그래서 이번에는 수행(修行)의 중요성과 필요성이 생기는 것입니다.

수행의 바람직한 자세

그 수행의 행은 갈 행(行) 자를 씁니다만, 간다는 것은 어떤 목적지를 향하여 간다는 의미이지요. 그것이 의식의 세계에서는 목적지를 향하여 간다는 것이 행한다는 뜻이 되겠지요. 그런데 수행이라 할 때에는 그렇지 않고, 그런 본래의 세계, 하느님의 세계라든가 부처님의 세계로 간다, 요컨대 수도행로(修道行路)라는 것입니다. 그러니까 이것은 의식으로 행하는 것과는 전연 다른 일입니다. 저쪽의 세계와 이쪽이 함께 작용하는 장이니까, 이것은 학교에서 가르칠 수는 없는 노릇입니다.

그래서 이런 울림을 납득하기 위해서는 좋은 스승이 필요하게 되는 것입니다. "너 열심히 수행하고 있는 것 같지만 틀렸어"라고 스승이 언뜻 시사해 줄 때, 퍼뜩 알아차립니다. 아, 이것은 자기 혼자만의 생각이었다고 말입니다. 혹은 이것은 수행이 아니었다고 말입니다. 그러한 시사를 해주는 스승이 없는 곳에서는 정직하게 말해서 종교라는 것이 전승되지 않고 죽어가겠지요.

그런데 지금의 사회의 큰 비극은 어떤 종교에서나 교육제도라는 것을 도입하여 가르치는 사람이 생기고, 학교에서 가르치듯,

종교적인 교리나 도(道)나 수행에 관해서 가르치고 배우게 된 일입니다. 그러니까 하느님과 개인과의 직접적인 관계에서 추구되는 수행이라는 것이 의식 속에 갇혀버린 경향이 보입니다. 이것은 그리스도교에서 말하는 서원(誓願)의 경우도 그렇고, 나는 선종(禪宗) 쪽에도 관계가 있어서 알고 있지만, 선 수행이라는 것, 예컨대 좌선 수행이라는 것이 하나의 제도, 체제, 그 인스티튜션 안에 수용되고 말았습니다. 이것이 규칙이나 또는 생활의 한 가지 외면적인 규정 속에 수용되어 버리면, 요컨대 도겐 선사(道元禪師)가 말씀하신 발심(發心)의 중요성이 희미해지고 맙니다. 흐려지고 마는 것입니다. 그렇게 되면 참된 의미에서의 수행은 사라지고 맙니다. 그러면 그 대용품으로서 무엇이 목표로 나타나는가 하면 신비 체험, 견성(見性) 체험, 그런 것이 나타나는 것입니다. 하지만 그런 일로 골몰한다면 뭔가 스포츠처럼 되어버리겠지요.

나는 얼마 전에 어떤 잡지에 원고를 써보냈는데, 주의할 사항으로서, 좌선을 오래하면 할수록 겸손해지는 그런 사람과 함께 앉도록 하세요. 좌선을 하면 할수록 나는 전문가다라고 말하는 그런 사람과는 절대로 함께 앉아서는 안됩니다. 이것은 사도(邪道)로 접어들게 되지요. 이런 말을 썼습니다. 요컨대, 가르치는 세계, 의식의 세계 따위와 수행이 결합하면 벌써 사도가 되는 것입니다.

그 무(無)의 수행, 그 수행하는 현실이 없는 한, 수행은 사도가 됩니다. 이것은 무서운 일입니다. 그러니까 스승이 필요한 것입니다.

그래서 지금 내가 여러분에게 말하고 있는 것은, 이와 같은 교육제도가 도입되고, 학습제도, 훈련제도 같은 것이 도입되고 나면, 참된 스승이 점점 사라져간다. 그러니 어떻게 하면 좋을 것인가 하는 문제입니다.

이때 무엇을 목표로 삼을 것인가 하면, 숨어 있는 겸손한 신앙자에게 배워주십사 하는 말입니다. 생선가게의 아저씨든 누구든 좋다. 정말 겸손하게 믿고 언제나 머리를 숙이고 있는 사람의 그 사는 모습에서 배워주십사 하는 말입니다. 특히 지도자나 책임자는 그것을 배워주십사 하고 말해야 할 시대가 온 것으로 생각됩니다. 거기밖에 구원은 없습니다. 이미 모든 것이 제도화되고 조직화되고 말았기 때문입니다.

그러니까 이 수행이라는 것은 정말 발심(發心)이 있어서, 혹은 그리스도교적으로 말하면 영적인 동기가 있어서 마음이 이끌리어 참으로 정진을 할 때에 거기에 새로운 경지가 열려옵니다. 거기에 바로 무의 바람이 부는 것입니다. 그렇지 않으면 소위 무상관(無常觀)이라 해도 그것은 다만 의식의 세계에서 멋대로 즐기는 무상관이며, 이상한 종교적 양상이 나타나게 됩니다. 특히 일본의 불교에서는 아주 심한 그런 위험을 느낍니다. 어디든 묘지나 절에 가서 느끼는 어두운 분위기에 나는 뭔가 협잡성 같은 것을 느낍니다. 만약 거룩한 세계에 사로잡혀 있다면 절이란 곳은 좀 더 거룩하고 밝고 즐거워서 다시 어서 가고 싶다는 곳이어야 할 것입니다.

일본은 불교를 받아들였을 때나 혹은 불교가 전승되어 오는 동안에 잘못된 지도방법이 섞여 들어갔다는 느낌이 듭니다. 이것을 문득 깨달은 것은 인도의 사르나트를 방문하였을 때였습니다. 나는 거기서 매우 밝은 분위기를 느꼈던 것입니다.

그리고 불교에 관해 또 한 가지 말한다면, 왜 최근에는 선(禪)쪽에서 좌선을 하면 할수록 머리가 수그러지는 사람이 사라지게 되었느냐 하는 점입니다. 좌선을 하면 할수록, 부처님의 애련히 여기심을 사람들이 느끼게 되지 않는다면, 이것은 수행이 아니지요. 그런 점에서 나는, 조도신슈(淨土眞宗)의 전통이 오히려 이런 근본적인 요점을 파악하고 있지 않을까 하고 생각합니다. 이 조도신슈 사람들을 만나면, 어쨌든 머리를 수그리는 사람, 겸손한 사람이 많습니다. 이 점에서는 선도 배우면 좋겠다고 생각합니다. 그것이 본래 불교의 바람직한 모습이요, 무릇 모든 종교의 바람직한 모습입니다.

그러나 수행에도 여러 가지가 있습니다. 좌선 수행만 있는 것이 아닙니다. 조도신슈(淨土眞宗)의 몸살피기(身調べ) 수행이라든가, 니치렌슈(日蓮宗)의 북[鼓] 수행이라든가, 일본 특유의 폭포맞기 수행이라든가, 신곤슈(眞言宗)의 천일회봉(千日回峯)이라든가 여러 가지 수행이 있다고 생각합니다만, 중요한 것은 그 발심(發心)이요 동기입니다.

그리스도교에도 여러 가지 수행이 있습니다. 단식 수행도 있습니다. 넓은 의미로 말하면, 생활 그 자체를 수행으로 삼아 사는 것이 마땅하지만, 진지하게 그런 수행의 삶을 살려는 사람들은, 이와 같은 공리(功利) 사회, 그리스도께서 세상이라 부르신 사회에서는 역시 고난을 당하지 않을 수 없습니다. 동기가 다르기 때문입니다.

수행의 생활에 대한 박해

인간이란 불가사의한 존재입니다. 동기가 같으면 반드시 함께 어울리지요. 돈벌이를 하는 자들은 서로 적대하는 사이라 하더라도 일단 유사시에는 얼른 협력합니다. 자기들과 같지 않은 자들은 배척해야 한다는 것입니다. 자기들이 부정(否定)되는 것은 싫다. 이것이 인간 투쟁의 근본적 형태입니다. 예컨대, 탁발 수행이나 혹은 그와 비슷한 수행의 생활을 하고 있으면 세상을 부정하는 것이라 할 수 있습니다. 장사 따위 헛된 것이라고 부정되면, 돈벌이하는 자들은 자기들의 입장이 난처해지니까, 역시 그런 이들을 박해하지 않을 수 없는 것입니다.

그리스도의 경우도, 유대 민족의 종교적 권위와 정치를 유착시킨 자들이 그분의 삶의 방식을 보고 이것은 자기들의 적이라고 느끼기 시작한 것입니다. 그로 말미암아 그들이 어떤 동기로 살고 있는가도 드러나니까요. 그렇게 되면 국가나 그밖에 모든 것이 그 적 때문에 한통속이 되어 박해를 시작하는 것입니다. 그러니까 오늘날에도 참된 무를 살고 있다면 그런 일이 생기지 않을 수 없다고 생각합니다. 특히 지금의 세상이란 매우 흉악하게 변하고 있으므로, 나는 그 수난의 형상도 아주 흉악하다고 생각합니다. 그건 역시 필연적인 현상일 것입니다.

다음 이야기는 브라질의 가톨릭의 경우이지만, 그곳 최고지도자들의 회의인 주교회의라는 데서, 그리스도의 교회란 가난한 자들과 작은 자들을 위한 교회이므로, 그들을 압박하는 자들의 편에 서서는 안된다. 그러니까 기존의 인연은 끊어버리고 이제부터는 가난한 사람들과 함께 산다는 결의를 했습니다. 그리하여 큰 교회나 큰 수도원을 떠나서 수사도 수녀도 예컨대 2,3명씩 갈라져 가난한 마을로 흩어져 들어갔지요. 그리고 미사도 보통의 가정집에서 드리는 생활이 시작된 것입니다. 이건 벌써 대단한 개혁이지요.

그런데 그런 일을 시작하자, 이번에는 정부를 비롯하여 높은 사람들과 이제까지 교회를 뒷받침해 왔다는 사람들이 이놈들! 하고 박해를 시작한 것입니다. 그때까지는 경제적 권위와 정치적 세력과 교회가 단단히 결탁하고 있었기 때문에 안정된 사회였습니다. 그래서 착취도 할 수 있었겠지요. 그런데 그런 사회가 근본적으로 변하게 되었으니까, 자기들의 설 자리가 없어진다고 느낀 작자들은 물론 역시, 이 빌어먹을 놈들! 하고 벼르지요. 그래서 그런 개혁을 열심히 추진하는 신부들을 살해한다든가, 별별 박해가 일어난 것입니다.

그러니까 무섭지요. 우리 종교인들은 어디서나 열심히 일하면 감시의 눈초리를 받습니다. 내가 이런 일을 시작했을 때도 모두 돌을 던졌습니다. 돌이 던져진 것은 또 한 가지 내부의 알력 탓도 있었습니다. 가톨릭이라면 남녀의 수도장(修道場)이 서로 멀리 떨어져 있어야 하는데 내가 있는 곳에서는 집은 완전히 따로 갈리어 있었지만, 장소는 가까운 데서 생활하고 있습니다. 일은 함께 하고 있지요. 그것이 돼먹지 않았다고 여러 곳으로부터 박해가 있었습니다. 그런데 얼마 지나니까 이번에는 여러 곳에서 와주시오, 와주시오 하는 소리가 들려왔습니다. 결국 교회 전체가 역시, 이래서는 안된다. 본래의 제자리로 돌아가려면 어찌해야 좋을까 하고 모색하기 시작한 것 같습니다. 그 길잡이로서 우리를 부르게 되었던 것입니다.

그래서 실제로 세계적인 포교회의 같은 데에 불려가서 나는, 이제까지의 식민지주의와 결탁한 것 같은 포교회의는 질색이다. 회사원이 어디에 파견되는 것과 같은 식의 포교와는 인연이 없다. 그런 이야기를 한 것입니다. 그리스도교란 성부께서 그리스도를 보내신 것처럼, 그리스도께서 우리를 보내시는 것이며, 그것은 존재의 바람직한 자세에 관한 문제라고 말했습니다. 신앙에 자신을 내맡길 때에, 그런 존재론적인 자세가 사람들로 하여금 하느님과 대화를 하도록 유도한다는 뜻입니다. 그러니까 모든 신자가 포교자이니만큼 어떤 교회든 포교적이어야 하고, 서로 사람을 교환하는 것은 각 지역의 교회가 독선적으로 기울어지지 않도록 하는 의미가 있다고 했지요. 그런 이야기를 하였을 때에, 모두 나한테 와서 포옹을 했답니다. 좋은 이야기를 해주었다고 하더군요.

교회란, 표면은 매우 보수적인 경향을 띤 것으로 보일는지도 모릅니다만, 그 가운데에는 역시 그런 중요한 전통이 아직 살아 있습니다. 그렇지 않으면 중도에 끊어져버릴 것입니다. 그러니까 역시 참된 의미에서의 무(無)의 교회라는 것을 추구하는 마음이나 동경은 아직 살아 있는 것입니다. 이런 사실은, 불교든 유대교든 회교든 오래된 모든 종교 전승에 관해 말할 수 있다고 생각합니다.

역사의 본질은 수난

그런데 수난의 깊은 의미를 우리들 앞에 보여주시는 분으로, 이웃 한국의 함석헌(咸錫憲)이라는 사람이 있습니다. 이분은 정치운동이라든가 소위 경제운동 같은 것을 하는 분이 아니지만, 요컨대 참마음을 가진 분으로서, 그렇다 할 것은 그렇다라고, 아니다 할 것은 아니다라고 분명히 말씀하시는 사람입니다.

그는 역사의 선생이었기 때문에, 역사의 본질은 수난의 역사라는 강의를 할 만했습니다. 그런 말을 하면, 그때의 정부로서는 기분이 좋지 않지요. 그런 일로 2차 대전 전의 일본 정부가 지배하던 시대에도 투옥될 정도였습니다. 그리고 최근에도 박(朴) 정권 때에는 거의 연금(軟禁) 상태로 지냈습니다. 역시 여전히 그렇다 할 것은 그렇다라고, 아니다 할 것은 아니다라고 하는 태도로 나갔기 때문입니다. 그런 삶의 태도는 그때의 정권에는 방해가 되지요. 그리고 그는 청년들에게 매우 큰 영향을 끼치고 있었기 때문에 더했습니다.

어느 시대에나 권력이 폭력적인 힘을 사회, 곧 세상에 드러내려고 할 때에는 역시 신앙이나 진실 그대로 살려는 이들은 거추장스러운 존재가 됩니다. 그러니까 거기에 박해가 생기고 수난이 시작되는 것입니다. 그런데 그것이 무(無)를 사는 모습에 이르게 되니까 이상한 일입니다.

함 씨가 말하는 역사관이라는 것도 그렇습니다. 요컨대 한국이란 나라를 표면적으로나 현상적으로, 이른바 역사기술적 관점에서 보면, 이것은 아예 기록할 가치도 없는 비참한 일들의 연속이며 도대체 그 의미는 무엇인가 하는 얘기가 되지만, 함 씨는, 아니 그렇지 않다는 것입니다. 이 비참한 수난들을 자세히 살펴보면 거기에 진짜 역사가 있다고 합니다. 그는 이것을 발견하고 그것을 의미로서의 역사라는 말로 표현하고 싶었던 것입니다.

그러니까 정말, 함 씨가 거쳐온 그 자신의 개인적 수난사를 모르면, 아마 그 의미로서의 역사라는 것은 알지 못하리라고 생각합니다. 그것은 이미 그 자신의 역사인 동시에 바로 거기에 역사의 의미가 있다고 생각합니다.

그래, 그것은 어떤 것인가 하면, 역시 역사의 중핵(中核)에 자리한 그리스도의 수난이 개개인 한 사람 한 사람의 비참한 수난의 역사를 통하여 거기에 드러나 보인다는 비전일 것입니다. 그러니까, 한국의 역사 속에도 그리스도와 같은 모습이 드러나고 있다. 그 역사 속의 수난의 모습이란 반드시 그 역사의 중핵에 자리하고 있고, 인간은 자신이 죽고 새로운 생명으로 사는 거룩한 세계로 마음이 열려 있어야 한다. 그런 일의 시사(示唆)는 한국의 역사 속에서도 볼 수 있지 않느냐 하고 그는 말하고 있다고 생각합니다. 그러니까 자기 나라의 숨겨진 역사를 잘 살펴보아라, 그러면 역사의 의미가 완전히 드러난다라는 얘기입니다.

나는 그것과 같은 점을 아테네에 갔을 때에 느꼈습니다. 판테온(萬神殿)의 폐허. 그곳은 지혜라고 생각합니다. 이 폐허를 그대로 남겨두어, 이것이 역사의 교훈이라고 지금도 그것을 사람들에게 보여주고 있는 것입니다. 그곳에 가면 역시, 음! 하고 탄성이 나오지요.

역사의 영화(榮華)는 덧없습니다. 마찬가지로, "봄철 고루(高樓)에서 벌이는 꽃놀이 잔치"는 아니지만, 그런 덧없음이라는 것을 언제나 곰곰히 음미하게 되는 곳에서밖에 참된 의미의 역사는 나오지 않는다고 생각합니다. 기쁘다, 이것이 즐거운 인생이다 뭐다 하는 것은 피상적인 이야기입니다. 역시 그런 것은 덧없는 것임을 곰곰히 되새기는 데서, 둘도 없는 귀중한 것을 위해 목숨을 버린다는 태도가 나옵니다. 거기서 그리스도교의 중요한 핵심이라 할까, 둘도 없는 귀중한 것을 위해 목숨을 버리는 것이라 할까, 어떤 사람의 속에 깃들인 귀중한 것을 위해서 목숨을 버리는 이가 그 사람의 벗이라고 하신 그분의 마지막 가르침이 나오는 것입니다. 경제동물이라고 불릴 정도가 된 오늘의 일본인의 역사관, 세계관 따위는 하찮은 것이에요. 어린아이가 뭔가 예쁜 장난감을 손에 쥐고 기뻐하는 것과 마찬가지입니다. 내용은 형편없지요.

예컨대 먹거리만 해도, 다른 것으로 바꿀 수 없는 귀한 먹거리란 이미 없지요. 어디에 가도 죄다 첨가물의 가공식품이지요. 모두 독물(毒物)이에요. 농사도 그렇지요. 둘도 없는 순수한 농사란 이미 볼 수 없게 되었습니다.

그리고 그런 사람들에게는 행한다는 것이 자기가 세운 목표를 향해 나아간다는 것, 그것뿐입니다. 그러니까 그들이 하는 일은 돈벌이를 하든가, 어딘가의 금광을 빼앗아 차지해 버리든가, 모든 사람을 그리스도교도로 만들어 버리든가 하는 것이며, 그런 일밖에는 사는 보람이 없는 거예요. 그런 역사관은 역사관이라 할 가치도 없습니다. 그런 일밖에 없으니까요.

근세 유럽에서의 마르크스든 누구든 모두 그래요. 중세는 그렇지 않았습니다. 그런 것들의 덧없음이 아직 이해되고 있었습니다. 진짜 무상관(無常觀)이 있었던 것입니다. 그런데 근세는 이미 그렇지 않았어요. 인간중심주의가 되어, 이상한 무상관, 인간 위주의 무상관이 되어버렸습니다. 그래서 식민지에서 나쁜 일들을 한 것입니다. 마르코 폴로의 일지를 읽어보세요. 우습기도 하고 슬프기도 하고 아예 싫어집니다.

예를 들면, 아메리카 대륙을 발견한 경우도 그렇습니다. 그때 그들의 목표는 스페인 제국을 확장하는 것, 그리고 그리스도교도를 늘리는 것, 그리고 금광을 발견하여 금을 가져오는 것이었습니다. 전부 한통속이었어요. 그런 종교도 있습니까. 그런 포교도 있습니까.

이것은 이제 우리가 말하기는 부끄러운 일이지만, 서아프리카에 가보고 나는 정말 놀랐습니다. 아프리카의 최초의 선교사들에 관해 나는 공부한 것이 부족하기도 했지만, 노예 매매라든가, 그런저런 일에 대해 이건 부끄러운 일이라 여기고 그 보상이란 의미에서, 어떤 양심적인 사람들이 선교사로서 그쪽으로 포교하러 갔을 것이라고 상상하고 있었습니다. 그 정도로 생각하며 서아프리카의 노예 해안, 상아 해안, 황금 해안 등지로 가서, 최초에 세운 교회를 보았습니다. 그랬더니 그 교회를 세운 것이 누구냐 하면, 노예 매매에 사용된 배의 지도사제였다는 것입니다. 다시 말해서 노예 매매를 하던 사람들의 죄의 고백을 듣던 사제, 그 신부가 세운 교회가 가나 최초의 교회였습니다. 나는 맥이 탁 빠지고 말았습니다. 말하자면, 그들은 자기들이 하고 있는 일을 나쁜 일이라고는 생각하지 않았던 것입니다.

근세 유럽의 장미색 관념이라는 것은 전부 그렇습니다. 농담이 아녜요. 그런 포교는 이제 질색예요. 그런 역사관 따위도 질색예요. 그런 친구들이 종교를 알겠습니까?

그 결과로서 그리스도교에서는 어떤 현상이 일어났는가 하면, 법률(계명)을 정밀화하는 일에 열중하여 종교적인 도리를 지키려고 했습니다. 또 한 가지는 성서든 무엇이든 정밀하게 분석하여 알기 쉽게 하는 일을 열심히 해왔습니다. 그러니까 더욱더 공허해진 것입니다. 15년쯤 전까지만 해도 어떤 신학자들은 생기가 넘치는 얼굴을 하고 있었습니다. 그런 학문에 의거해 뭔가 나오겠지 하고 기대했지요. 지금 그들은 모두 잿빛 얼굴을 하고 있습니다. 아무것도 나오는 것이 없기 때문입니다.

숨은 수난자가 새로운 시대를 연다

그런 가운데서도 역시 그런 표면층에 가리워져 있으나 수난자는 있다고 생각합니다. 눈에 띄지 않는 곳에서 참된 신앙을 살고 있는 사람들이 있습니다. 그 중에는 살해된 사람도 있고, 혹은 남모르게 뭔가 주변에 빛을 남기고 죽어간 사람도 있습니다.

그러니까 교회란 바로 그런 곳에 있는 것입니다. 불교도 그렇다고 생각합니다. 그런 사람이 있는 곳에 불교가 전승되고 있다고 나는 생각합니다. 신도(神道)도 그렇지요. 그러므로 오늘의 이런 체제화된 사회에서는 그런 숨은 곳에 눈을 돌리라고 말하고 싶군요. 배울 곳은 바로 그런 데라고 말입니다. 번듯이 드러나게 가르치는 사람이 아니라, 정말 신앙에 몸바쳐 살고 있는 정직한 사람들에게 사는 방법을 배우십시오. 그러니까 나는 이런 사람들이 늘어가기를 꿈꾸고 있습니다. 역시 믿을 곳은 정말 이런 정직하고 가난한 사람들입니다. 정말 진실을 찾는 사람들의 이 자발적인 헌신, 이 구도(求道)에서 뭔가 나오지 않으면 일본은 구원받지 못할 것이라고 생각합니다.

그래서 제일 중요한 기본이 되는 것은 동기입니다. 돈벌이라는 동기냐, 아니면 겉으로는 어떻게 말하든 정말 무엇과도 바꿀 수 없는 귀중한 것을 위해 봉사하고 싶다는 동기냐, 그 동기에 따라 운명이 결정되는 것입니다. 심판은 후에 역사가 합니다.

그리고 참된 역사란, 말하자면 백 년, 2백 년, 3백 년, 천 년이 지났을 때에도 남는 것, 그런 숨은 것이지요. 무엇이 떠받치고 있었는가, 그것을 알아보는 것이 역사관이라고 생각합니다. 그것을 알아보지 못하면 쓸쓸한 일입니다. 지금의 서양사에서 다루고 있는 것은 화려한 면뿐이고, 정말 사람들을 떠받쳐온 숨은 면은 보려고 하지 않습니다.

이상하지요. 이런 참된 역사라는 것은 서로 전혀 연락이 없는 것처럼 보이면서도, 각 시대에 어떤 공통적인 인스피레이션을 가지고 있는 것 같습니다. 나는 처음에, 일본의 새끼줄 무늬 토기 전기(前期) 시대에, 어떻게 저 레바논, 팔레스티나에서 발굴된 것과 같은 토기가 나왔는지 몰랐습니다. 같은 인간이 살고 있었을까도 생각하며 종잡을 수 없었지만, 역시 아무래도 영적인 뭔가 있는지도 모릅니다. 우리가 알 수 없는 어떤 영감이라고나 할 무엇이 각 시대의 민초(民草) 그 풀뿌리에 작용하고 있는지도 모릅니다.

지금은, 그렇게 제도적인 것이 아닌 세계, 즉 이 민초들 가운데 뿌리내린 근원적인 그 숨쉬는 세계, 무(無)의 바람이 부는 세계가 이 지상에 움직이기 시작하지 않았는가 하고 생각합니다. 그래 이곳에서는 비교적 일찍부터 그런 운동에 참여하고 있습니다. 이곳은 21년 전에 시작했지만, 그 이전 내가 어떤 병원에 있을 때 불현듯 영감 속에 그런 공동체, 동아리가 탄생한 것은 35년쯤 전이었습니다. 그 무렵부터 역시 그런 영감에 힘입어 전세계 여기저기서 싹이 돋아나오기 시작하지 않았는가 하는 느낌이 듭니다.

최근에도 남미(南美)에서 어떤 여성 신학자가 이곳에 왔길래 이번엔 남미에도 갈 약속을 했습니다만, 역시 그 여성은 정말 배우겠다는 마음을 가지고 온 것입니다. 그리고 남미로 돌아가면 저쪽에서도 그와같이 오로지 하느님과 함께하는 생활을 추구하여 그런 공동체를 시작하고 싶다는 것입니다. 그런 공동체가 탄생하면 거기가 또 새로운 역사의 방향성을 보여주는 거점이라고 할까, 정신적 인스피레이션의 중심적인 장소가 되겠지요. 그러면 그곳에도 또한 감시의 눈초리가 쏠리게 되는지 모릅니다. 왜 그러는지 잘은 알 수 없지만, 나쁜 일은 아무것도 하지 않고 좋은 일을 하고 있는데도 말입니다.

이것은 이미 역사의 한 패턴(경향)입니다. 그러니까 앞으로 올 새로운 시대가 종교의 시대가 되어야 한다는 것은 동시에 종교라는 것이 본원의 모습으로 돌아간다는 것을 전제로 합니다. 종교가 본원의 모습으로 돌아간다는 것은 그런 일에 공감하는 작은 풀뿌리들이 나타난다는 것이라 하겠지요. 그외에 지금의 세계 상황에서는 평화를 보증하는 것도 없고, 행복을 약속하는 것도 없습니다. 역사적으로 그외에는 의미가 나올 만한 곳이 없습니다.

샘과 생명을 지키다

2만 년의 역사를 간직한 샘

— 이 다카모리(高森) 초암에서는 물을 에워싼 문제라든가 논밭에 관한 문제로 말미암아 둘도 없는 귀중한 것을 어떻게 지키느냐 하는 혹독한 체험을 하셨다는 이야기를 들었습니다만.

이곳 생활을 시작하고서 제일 큰 문제였던 것은 뒤쪽의 샘을 어떻게 지키느냐 하는 문제였습니다. 그것은 장장 5년간이나 걸린 큰 문제로서 나는 그 일로 완전히 건강을 해치고 말았지요. 이 문제는 바로 무엇으로도 대체될 수 없는 귀한 물을 에워싼 수난이라고도 말할 수 있다고 생각합니다. 그래서 구체적 예라는 점에서 이 샘 소동의 이야기를 해봅시다.

다카모리 초암의 뒤쪽에는 꽤 수량이 많은 큰 샘이 있습니다. 이 샘의 물은 원래 어떤 물인가 하면, 화산의 분화(噴火)로 야쓰케다케(八ヶ岳)라는 산괴(山塊)가 형성되었을 때에 동시에 생긴 하나의 천혜(千惠)입니다. 이것은 후지산(富士山)이나 묘코산(妙高山) 등 화산성의 지방에는 어디나 있는 현상이라고 생각합니다만, 이곳은 대략 2만 년 전에 일어난 분화로 말미암아 형성된 것입니다. 야쓰케다케 산록의 고이즈미(小泉)라는 곳에 오시면 아시겠습니다만, 고이즈미 바로 위쪽은 가파르게 직각으로 깎아지른 듯이 서 있습니다. 그것은 흘러내린 용암이 거기까지 와서 멈춘 곳입니다. 이 산에는 표고 8백 미터, 9백 미터, 천 미터 되는 곳에 그런 벼랑이 있습니다. 그 깎아지른 듯이 서 있는 벼랑 아래서 물이 흘러나옵니다.

그것은 어떻게 된 것인가 하면, 용암이 멈춘 곳에 공기 구멍이 생긴 데서 비롯된 것입니다. 비가 오고 눈이 오면 오랜 시간을 두고 그 물이 지하로 스며들어가는데, 대략 50년에서 백 년이 걸린다고 합니다. 스며들어간 물은 지하의 차가운 용암 속에 생긴 동굴에 고여서 그것이 용암 대지(台地)의 끄트머리에서 솟아나오는 것입니다. 이곳의 샘은 그런 것입니다. 후지 산(富士山)에도 큰 형태의 이런 샘이 있습니다.

그러니까 우리가 알고 있는 한, 이곳 주민들의 초대 조상들은 새끼줄 무늬의 토기 시대(繩文時代)까지 거슬러 올라가는데, 대략 기원전 3천년경부터 사람들은 이런 샘이 있는 곳에서 살아온 것입니다. 따라서 이곳 샘은 여기서 살아온 인간의 역사문화의 원천입니다. 근원입니다.

그 물은 용암 속을 천천히 흘러옵니다. 각섬석(角閃石)이라고 해서 용암 사이에 검은 윤기가 나는 돌이 보입니다만, 그 속을 거쳐온 물은 장수(長壽)의 물이라고 합니다. 이것은 경험에서 나온 말이겠지요. 아무튼 그런 곳에서 살고 있는 마을 사람들은 모두 백 살까지 산다는 것입니다. 이 샘의 물은 바로 그 각섬석을 거쳐온 물입니다. 지금 우리가 마시고 있는 물도 그겁니다. 그리고 이 근처의 논도 모두 그 물을 이용해 경작되고 있습니다.

내가 이곳에 처음 온 무렵엔 아직 수도를 끌어들이지 않았기 때문에, 하나에서 열까지 죄다 그 물을 쓰며 생활하고 있었습니다. 수도가 놓인 뒤에도 우리는 거기에 참여하지 않았기 때문에, 오랫동안 그 샘의 물만으로 살아온 것입니다. 지금도 그 물만 의지해 살고 있다면 발언권이 좀더 강했을 터이지만, 그래도 논농사라는 둘도 없는 귀한 생업은 아직 그 샘의 물만으로 하고 있습니다. 이 마을뿐만 아니라 이 아래쪽 마을도 그 샘의 물로 논농사를 하고 있으니까, 그것은 이젠 생존권에 관한 일입니다.

마을 사람들에게 구전되고 있는 샘의 물

이 샘은 마을 사람들에게 어떻게 받아들여지고 있는가. 물론 전해 내려온 여러 가지 이야기가 있습니다만, 예컨대 어떤 사람이 마침내 죽게 되었을 때에 "그 샘의 물을 한 번만 더 마시게 해달라. 그 물을 마시고 하직하고 싶다"고 말했다는 것입니다. 어쨌든 가장 고마운 것 중의 대표로서 모두 이 샘의 물을 생각하고 있습니다.

그리고 또 어떤 사람은 대단한 술꾼인데 이런저런 일로 해서 머리가 이상하게 되어 기억력을 잃고 말았다고 합니다. 술고래인 그 할아범에게는 모두 애를 먹고 있었습니다. 그런데 어느 땐가 그 할아범이 이 작은 샘을 만난 것입니다. 그리고 잔뜩 취해서 돌아왔답니다. "굉장한 술이 있어. 거기에 가 보게"라고 말했다는 거예요.

아무튼 이 샘물의 소중함과 빼어남은 여러 가지 에피소드로 구전될 만합니다. 도쿄라든가 그밖에 객지에서 죽는 사람이 임종 때 그 작은 샘의 물을 한 번만 더 마시게 해달라고 간청했다는 이야기는 얼마든지 들을 수 있습니다. 역시 그것은 하나의 느낌입니다. 그 맛좋음, 그 고마움을 잊지 못하는 것입니다. 우물물과는 좀 다른 것입니다.

나는 그런 분석을 그다지 신용하지 않지만, 예컨대 이 우물물을 분석해 본다고 합시다. 그러면 철분이 좀 지나치게 많다는 결과가 나올 것입니다. 그런데 그 샘은 수질이 이상적이에요. 그래서 맛도 좋지요. 이 물은 일급품입니다. 생수 중의 생수입니다. 흔히 생수라고 하며 팔고 있는 것들은 이곳 물과 비교하면 맛도 좋지 않아요. 그래서 그런 고마움을 이곳 사람들은 여러 가지 에피소드로 남기고 있는 것입니다.

이 초암이 자리한 토지는 북쪽으로 경사진 곳으로 쓰레기장 같은 땅입니다. 그래서 한 평(坪)에 3백 엔(円) 정도로 살 수 있었지만 말입니다. 구입하고는 곧 불도저로 비탈을 밀어 작은 건물이나 지을 정도의 평면만 만들고 정작 작은 집을 지으려고 하니, 근처 고고관(考古館)의 관장으로 있는 전직 교장 선생이 찾아와서 얘기를 좀 하고 싶다는 것입니다. 그리고 "당신, 여기에 땅을 산 것 같은데 물 문제는 어떻게 생각하오. 이 샘의 물은 한 방울도 마을 사람들의 찬성이 없으면 손을 댈 수 없어요. 당신 그 점을 어떻게 생각하오" 하며 "첫째 당신이 산 땅은 물 같은 거 나오지 않을 거요. 어떻게 생활할 작정이오. 그 점을 오늘 분명히 확인하러 온 것이오" 하는 것입니다.

"정말, 그건 몰랐습니다. 어쨌든 저는 지금 저기에 우물을 파게 하고 있습니다" 하고 대답했지만, 운이 좋았어요. 여기는 마을 사람들이 몇 번 파도 물이 나오지 않은 곳이지만, 내가 팠을 때는 물이 나왔습니다. 3미터 파니까 물이 1미터 반이나 괴었습니다. 결국 그래서 여기에 눌러 앉아 살게 된 것입니다. 마을의 신세를 지지 않고 우물물로 지내기 시작했습니다.

하지만 여기는 샘에 제일 가까운 곳이기 때문에, 논농사를 짓지 않을 때는 샘에 가서 물을 마셔도 괜찮았으니, 겨울에 우물이 얼었을 경우엔 거기에 가서 물을 마시기도 하고 얼굴을 씻기도 했습니다. 그것은 하느님의 물이었으니까요. 그러나 여기 이웃의 목장 주인이 목장을 하기 위해 마을 가운데서 이곳으로 이사해 왔을 때에는 마을에서 물을 줄 것인가 말 것인가 하는 문제로 의논이 구구했습니다. 결국 목장 주인은 거절당했습니다. 그런 일이 실제로 있었을 정도로 모두가 집착하고 있었던 물이지요.

샘을 팔아넘긴 사람들

그런데 어느 날 갑자기 그 샘과 샘물을 팔아넘긴다는 이야기가 나왔습니다. 어떤 관광회사가 샘 위쪽의 상당히 넓은 땅에 억지로 들어서서 개발을 한다는 계획을 발표했던 것입니다. 그 계획 가운데에는 샘의 바로 상부 주변의 개발과 샘물의 이용 계획이 들어 있었습니다. 그래서 나는 깜짝 놀라서 이토록 둘도 없이 귀중한 물을 팔아넘기다니 당치도 않다고 반대하게 된 것입니다.

그런데 역시 마을에는 우리가 알 수 없는 또 다른 심리를 가진 사람들이 있었습니다. "우리네 동료로서 좀 난 놈, 혹은 운 좋은 놈은 모두 도쿄에 나가거나 해서 어떻게든 사회 일각에서 잘 해 나가고 있지 않은가? 우리는 이 시골에서 뒤처져 이런 생활을 해야 하니 뭐냐 말이다. 그런데 이곳이 개발된다는 얘기가 아닌가. 자 우리네 차례가 온 거야. 그것은 꼭 추진하도록 하세. 이곳을 개발해서 한번 화려하게 현대생활을 여기서 시작해 보자구" 하는 것입니다.

이런 기분이 되는 것은 어떤 의미에서 당연하지요. 샘을 깨끗하게 보존하느냐 어쩌느냐보다 그쪽이 사람 사는 보람으로 생각되는 겁니다. 그런데 우리처럼 도시생활이나 그런 현대의 불쾌한 것들을 실컷 체험한 사람들에게는 그 샘이 자기들의 목숨같이 소중한 것입니다. 그러니까 의견은 서로 맞을 리가 없습니다. 따라서 저쪽이 나쁘다라고도 말할 수 없습니다. 꿈이 다르니까요.

그러니까 관광회사는 그런 생각을 가진 사람들을 잘 구슬려서, 어떻게 해서든 물을 이용할 수 있도록 해보라는 압력을 가해 온 것입니다. 물론 마을로서는 총회도 자주 열며 여러 해에 걸쳐 논의해 왔습니다. 그리고 막판에는 거절하게 된 것입니다. 더 이상이 일에 관해서는 생각하지 않기로 총회에서 결정했던 것입니다. 그런데 그로부터 1년쯤 지나서 다시 어떻게 재고할 수 없을까 하는 이야기가 나왔고, 이때는 벌써 상당히 정치적인 책략을 구사하며 접근해 왔습니다.

내가 부재중에 중대한 결의가 이루어질 것 같다고 해서, 양심파의 마을 사람들이 미국에 가 있던 나를 불러들인 일도 있었습니다. 소환되어 출석한 총회에서도 나는 건물 밖으로 끌려나갔습니다. 저쪽 파의 우두머리가 울면서 나에게 얘기할 것이 있다며 조르기에, 이쪽은 바보처럼 고지식하게 받아들이고, 그래요, 그러면 잠깐 얘기를 할까요 하면서 밖으로 나갔던 것입니다. 그리고 돌아와 보니, 이미 결의를 하려는 직전이어서 그때는 어떻게 해볼 도리가 없었습니다. 그런데도 마을 총회는 결의를 하지 못하여 결말이 나지 않았던 것입니다.

그러자 마침내 마을 책임자가 회사측과 비밀계약을 하고 말았습니다. 그래서 더 이상 어찌할 도리가 없어, 재판소로 간 것입니다. 같은 마을 사람을 상대로 재판을 한다는 건 누구든 원치 않지요. 그러나 어쩔 수 없지요. 샘이 없어지면 마을 사람들이 제대로 생활을 할 수 없게 될 판국이니 말입니다.

그런데 그때 회사측에서 내놓은 조건이라는 것이 어떤 것인가 하면, 샘물은 절반만 받아 이용한다. 그리고 그 물로 시뇨(屎尿) 처리인가 뭔가 해서 물은 깨끗하게 정화한 다음 다시 처음의 샘으로 되돌려보낸다는 것이었습니다. 그리고 계약금은 모두 2천만 엔, 1년에 지불하는 돈은 3백만 엔이라고 했던 것입니다.

그 정도의 사고방식으로 일을 하는 회사가, 시뇨 처리까지 완전히 해서 되돌려보낸다고 하더라도 그런 얘기를 누가 신용하겠습니까. 엉터리지요. 어쨌든 더러운 물이 되돌아온다면 도리어 모든 물을 못쓰게 되지 않겠습니까. 양도 줄이지 않고 받은 만큼 몽땅 되돌려주겠다고 하니 얼간이 같은 말이지요. 그런데 마을에서는 그런 계약에 도장을 찍어 버렸으니 기가 찹니다. 생각도 할 수 없는 이런 어처구니없는 일을 하였으니 어쩝니까.

그래서 재판소에 가서 2년이 걸렸지만, 계약 정지의 가처분을 신청하고 싸웠습니다. 그 결과 가처분의 판결로서는, 대단히 고맙게도 본 소송 수준의 판결이 나왔습니다. 어떤 이유로도 이 샘물에 손을 대서는 안된다는 판결이었습니다.

재판에서 내가 처음에 가장 걱정한 것은 변호사 선임이었습니다. 맨 먼저 이곳 마을 사람들이 알고 있던 공산당 계열의 변호사에게 부탁하였더니, 공산당 계열의 변호사란 이가 재판을 맡을 것인가 말 것인가에 관해 당의 지시를 바라더군요. 그래서 이건 안되겠다고 생각하고 곧 손을 끊었습니다. 그리고 누구가 좋을까 하고 다시 찾아보았습니다. 그것이 가장 큰 일이었습니다.

그러던 중 재판에서 사실을 밝히고 마침내 승소한 그룹을 만났습니다. 그리고 또 한 사람 그 고장 변호사에게 의뢰했습니다. 좋은 변호사들은 늘 바쁜 분들이라 나도 몇 번인가 평생 처음 변호사 노릇을 했습니다. 재미있었어요. 내가 뭔가 말하면 "당신에게는 대답할 수 없구려!" 하는 장면도 있었습니다.

결국 재판장은 아주 뚜렷한 심증을 얻었을 것입니다. 판결 때, 역시 일본의 재판소의 고마움을 나는 정말 깊이 느꼈습니다. 아직 일본에는 양심이 살아 있다고 말입니다.

샘을 지킨 사람들

하지만 곰곰 생각해 보면, 이 물, 이 원천수를 함양하고 있는 것은 수십 킬로에 걸쳐 있는 광대한 숲, 산림입니다. 그곳을 지금

현(縣)이나 읍(邑)에서 개발하고 있답니다. 그러니까 그런 숲이나 산림, 그리고 물을 보호한다는 생각이 전연 없는 것입니다. 재판소의 기록 내용 같은 것, 아무도 공부하지 않는다고 생각합니다. 나는 바빠서 아직 읍사무소에 쳐들어가지 않았지만, 이런 실정을 멀지 않아 중대한 문제로 삼으리라 벼르고 있습니다. 이것은 이제 일본 전체의 문제입니다.

사실 지금은 전 일본의 어느 현에서나 어느 읍에서나 그런 일을 하고 있으니까요. 모두 기업과 결탁하고, 기업으로부터 돈만 받으면 좋다는 것입니다. 가장 소중하고 고마운 것을 어떻게 해서 지킬 것인가 하는 일엔 아예 진지하게 임할 마음이 없습니다.

관공서라든가, 기업이라든가, 이 세상의 이기적 야심이라든가 모두 한통속으로 연계되어 있습니다. 그래서 이익을 보는 일만 찾고, 정말 올바른 것을 위해서 진실된 일을 해보겠다는 참마음은 없습니다.

결국 다카모리 샘의 경우에는, 그 물의 소중함을 알아주는 농민들, 특히 연로한 농민들이 있었다는 것이 그것을 지킨 원동력이었습니다. 나 혼자서는 어찌할 도리가 없었습니다. 재판소에 가서도 미력(微力)했습니다. 하지만 그 농사짓는 분들이 "선생님, 어떻게 손을 써주시오" 하며 찾아왔지요. 그래 "그러면 해봅시다" 하고 나서서 해낸 것입니다.

어쨌든 당장 급한 대로 물을 지킬 수 있었지만, 물론 앞으로도 계속 지켜나가지 않으면 안됩니다. 그런 경우 역시 세계관의 차이라 할까, 관점의 근본적인 차이가 구체적으로 드러나게 마련입니다. 그래 여기서 일본의 구원이라 할 것은, 재판소가 아직 세속의 생각에 완전히 물들지는 않았다는 점입니다. 그런 맥락에서 나는 이미 변호사회에서나 어디서나 아직 그런 양식(良識)을 가진 인간이 있다는 구제의 희망을 실제로 체험하였습니다.

나는 그 관광회사에 관해 욕을 하고 싶지 않지만, 지금도 이상하게 생각하는 것은, 그만큼 넓은 토지를 샀거나 빌렸다면 상당한 돈을 바친 셈인데, 물을 받아 이용할 수 있다는 보증은 아무것도 없는 가운데 그런 일을 시작한 점입니다. 이것은 어쩌면 머리가 나빴다고 하면 그만일는지도 모릅니다. 그렇지만 이 10년간 회사가 도산하지 않고 버티어 왔다는 것은 누군가가 뒤에서 돈을 대주고 있다는 말입니다. 큰 빌딩의 한 층을 조금 빌려쓰고 있는 정도의 작은 회사가 이만한 사건을 일으켜 놓고도 파산하지 않는다는 것은 배후에 누군가가 있기 때문일 것입니다.

돌이킬 수 없는 개발로 인한 재해의 교훈

그런데 물과 공기와 흙의 문제, 아울러 숲의 문제, 이것은 이제 기본적인 문제입니다. 뿌리는 하나입니다. 이 문제에 관해 좀 말씀드리겠습니다. 나는 오타키무라(王滝村) 부근에서 명상하기에 좋은 자리를 찾으려고 돌아보았습니다. 그러나 이미 대부분 관광개발의 손이 미치고 있었습니다. 큰 개발사업이 들어서고 있다는 것을 알고, 방문한 날 저녁 곧 단념하고는 돌아왔습니다. 그 이튿날 아침이지요. 대지진이 있었어요. 이나(伊那)에서 묵고 돌아오는 도중에 보니까 도처에 낭떠러지가 무너져 내렸더군요.

그런데 그때 오타키무라의 여러 가지 사정을 조사해 보니, 그 오타키란 고장에서도 결국 야쓰케다케(八ヶ岳)의 산록에서 하려던 것과 같은 일을 이미 벌이고 있었어요. 소위 근대적 개발이라는 명목으로 도처에서 나무를 잘라내고 포장도로를 만들었습니다. 이것은 반드시 위험한 결과를 가져오게 마련입니다. 이 부근에서도 큰 비가 내릴 때에 그런 위험한 사태가 생기는 것을 목격한 청년이 있습니다. 포장도로 위로 많은 물이 폭포처럼 쏟아져 내리더라는 것입니다. 그리고 숲속을 무서운 속도로 흘러내리는 엄청난 물줄기들도 보았다고 합디다만, 그러니 도처에 산사태의 재해가 일어나는 것입니다. 그 결과는, 토목공사를 하는 사람들만 돈을 벌 뿐, 다른 사람들은 죽기도 하고 집이나 논밭이 유실되기도 하니 어쨌든 끔찍한 일입니다.

오타키무라에서 일어난 일이나 이곳에서 큰 수해가 일어난 일이나 원인은 똑같습니다. 근대적 개발이란 그런 것입니다. 수년 전에는 묘코 산(妙高山)에서도 비슷한 산사태가 있었습니다만, 거기도 이곳과 같은 화산성(火山性) 지역입니다. 그런 일이 같은 나가노 현(長野縣)에서 일어나고 있는데도 그 원인이 무엇인지 구명(究明)하지도 않고 반성하지도 않습니다. 그러고는 또 같은 일을 되풀이하는 것입니다. 거기에 대해 학자들도 현 당국(縣當局)에 명백히 말해야 할 것을 말하지 않고 브레이크를 걸지 않고 있습니다.

모두 이상하지요. 무(無)의 바람이 불지 않는 겁니다. 모두 세속적인 돈의 맛들임에 끌리어, 일이 닥쳐도 그저 그때뿐, 그 자리만 어물쩍 좋게 넘기면 괜찮다고 하니 이것이 곧 일본 정신입니다. 그러니까 이 정신이 외국에 나가면, 예컨대 남경 학살(南京虐殺) 같은 것이 됩니다. 나는 여기저기에 남경 학살의 비(碑)를 꼭 세우고 싶습니다. 이것은 일본인의 개심(改心)을 위해 절대로 필요합니다. "하늘이 알고 땅이 안다. 어찌 아는 사람 없다고 하겠는가"라고 말할 수 있는 참마음이 본래 일본의 마음이라고 하는데, 어쩌다 윗사람의 눈치를 보고, 세상 사람들의 눈치를 보고, 또 사람이 보지 않고 나무라지 않으면 괜찮다는 식의 생각을 가지게 되었는가. 이런 기분은 아무래도 저 불교의 이상한 무상관(無常觀)과 연계되어 있는 것 같습니다.

무상관이란 그런 것이 아닙니다. 참으로 종교적인 무상관이란 어떤 것인가 하면, 존재 하나하나의 둘도 없는 소중함에 대한 맛들임입니다. 순간순간의 때 — 그 시간의 둘도 없는 귀한 맛을 보는 것입니다.

그것이 관념적인 무상관이 될 때, 사람만 옆에서 보고 있지 않으면 아무래도 괜찮다는 통념과 연결됩니다. 가당치도 않은 이야기입니다. 이것은 중대한 문제요, 바로 일본 역사의 중심 문제입니다.

그러니까, 요컨대 오타키무라(王瀧村)의 재해도, 이 야쓰케다케(八ヶ岳)의 산사태도 그리고 묘코 산(妙高山)의 사고도, 같은 생태계의 화산지대에서 같은 방식의 개발을 추진함으로써 일어난 것이라 하겠습니다. 이런 일을 되풀이한다는 것은 바로 일본 사람들이 자기 자신과 일본의 토지에 대해 허무적인 시각을 가지고 있다는, 하나의 악마적 성질의 표현이라고 생각됩니다.

고마운 것을 헛되게 하지 않는 참된 무상관

무상관(無常觀)이라는 말을 할 때에, 모든 것이 덧없고 헛되니 무엇을 해도 괜찮다는 식의 무상관이라면, 오늘은 그만두자, 내일 피로가 풀린 다음에 하자, 매사를 이런 식으로 해석할 것입니다. 세상에서 말하는 상식의 수준입니다. 그렇지만 이것은 나쁜 의미에서의 상식입니다.

본래의 무상관이라는 것은 "아니오, 지금이 중요하오"라고 말합니다. 지금이 해야 할 "때"요 행동할 "때"입니다. 이것이 무상관입니다. 내일이라는 말은 할 수 없습니다. 무엇으로도 바꿀 수 없는 "때", 지금을 소중히 여기는 것, 이것이 무상관입니다.

관념적으로 기울어진 무상관의 관점에서는, 이 나무 한 그루 잘라버려도 그것을 부처님으로 보지 않고, 그저 사물로서, 자기의 밖에 있는 것으로 봅니다. 그런데 진짜 무상관이라면 무엇이나 부처님 대하듯이 합니다. 그렇게 하지 않을 수 없습니다. 고마운 것이기 때문에 헛되게 할 수 없는 것입니다. 이것이 진짜 무상관이에요.

그러니까 지금은 거꾸로 되어가고 있어요. 진짜 무상관의 경지에 들어서면 사물 하나하나를 자기와 무관한 것으로 볼 수가 없습니다. 모든 것, 그 하나하나를 자기 자신의 둘도 없는 존재를 있게 해주는 거룩한 생명으로서 바라봅니다. 그래서 언제나 머리가 수그러집니다. 꽃에 대해서도 머리가 수그러집니다. 이것이 무상관입니다. 그렇지 않다면 종교 따위 무슨 소용입니까. 그런 적극적인 의미를 느끼지 않으니까, 나는, 당신의 앉음새는 뭐요! 라고 말하고 싶어지는 것입니다. 물론 자기 자신에 대해서도 말하고 싶지요. 뭐야, 네 태도는! 하고 말입니다. 나는 이런 것 정말 허용해서는 안된다고 생각합니다. 그런데 정말 그와 같은 개혁자가 나온다면, 그도 역시 지금의 세상에서는 수난하지 않을 수 없다고 생각합니다.

성사에 담겨진 종교의 핵심

존재를 통해, 하느님으로부터
넘치게 베풀어지는 것을 깨닫다

불교에서도 그렇지만, 특히 그리스도의 가르침은 극한적인 상황 가운데서 제시되고 있습니다. 여기에는 여러 가지 방식이 있지만, 예컨대 마태오라는 사람은 최후 심판의 기준으로서 그 가르침을 제시하고 있고, 요한이라는 사람은 예수 자신의 마지막 유언 형식으로 제시하고 있습니다. 마태오 복음서에는 "너희가 이 가장 작은 이들 가운데 하나에게 해주었을 때마다 나에게 해준 것이다. … 너희가 이 가장 작은 이들 가운데 하나에게 해주지 않았을 때마다 나에게 해주지 않은 것이다"(25,31-46)라고 하신 말씀이 나옵니다.

마태오는 우리와 함께 계시는 하느님이라는 표현, "임마누엘"이라는 말을 쓰고 있는데, 처음부터 끝까지 그런 비전으로 복음서를 쓰고 있습니다. 그리스도란 우리와 함께 계시는 하느님이시라는 것입니다.

"나는 내 목숨을 여러분을 위해 버립니다. 여러분도 서로 그렇게 하시오. 벗을 위해 목숨을 버리는 것보다 더 큰 사랑은 없습니다" — 이것이 그리스도의 가르침입니다. 이것을 머리로 읽고

아무리 생각해 봤자 아무 일도 할 수 없습니다. 이것이 그리스도
다라고 생각하고 뭔가 해도 그것은 전연 다른 세계입니다. 그것
은 의식의 세계요, 사고의 유희입니다.

그런데 매우 흥미롭다고 생각되는 것은, 예컨대 조도신슈(淨土
眞宗)의 몸살피기(身調べ: 몸을 조화롭게 가다듬음)라는 것을 하
면, 머릿속의 생각이 아닌, 진짜 그리스도의 경지가 나타납니다.
불교가 성하는 나라이기 때문에 이것을 예로 들겠습니다. 몸살피
기의 전통을 이어받아 그것을 일반화한 수행방법으로서 요시모토
이노부(吉本伊信) 씨가 내관(內觀 = 內省)이라는 것을 권장하고
있습니다. 그 내관은 제일 먼저 기초로서 어머니에 대해 자기가
어떠했는가를 성찰하여 살피는 묵상을 하고 있습니다.

이것은 아시는 분도 많으리라고 생각됩니다만, 먼저 자기 자신
이 어머니로부터 돌보심을 받은 것을 살핍니다. 그리고 어머니에
게 자기가 해드린 것을 살핍니다. 그 다음에 또 한 가지 자기가
어머니에게 심려를 끼친 일들을 살핍니다. 이 어머니에 대한 자
기의 태도, 예컨대 유아기의 자기, 국민학교 저학년 시절의 자
기, 그 무렵의 어머니에 대한 자기의 태도를 살피면, 처음에는
아무래도 자기에 대해서 어머니가 어떻게 해주셨는가를 상기하게
되고 미상불 어머니 쪽에 악센트가 가게 됩니다. 그러나 그래서
는 안됩니다. 어머니에 대한 자기의 태도를 살펴야 하는 것입니
다. 어머니에 대한 자신의 태도를 살피게 되면, 어머니에게 돌보
심을 받았다는 것이, 실은 어머니의 존재를 통해서 하느님으로부
터 넘치게 베풀어지는 것을 받아 향유했다는 시각이 생기는 것입
니다.

나는 비교적 늦게까지 잠자리의 오줌싸개였지만 어머니는 나에게 "오줌을 싸다니!" 하고 화를 내신 적이 한 번도 없습니다. 언제나 묵묵히 씻어주실 뿐이었습니다. 이따금 "왜 그럴까" 하고 당신 자신의 문제처럼 자문하시는 모습을 보곤 했습니다. 이건 손들 수밖에 없다고 생각했지만, 그 어머니로부터 돌보심을 받은 것을 돌이켜보면, 어머니는 바로 관세음보살과 같습니다. 정말 그런 모습이 보이는 것입니다.

또 한 가지 예로, 어머니의 유방은 정말 축 늘어져 있었습니다. "다라치네"(垂乳根: 모친을 가리키는 雅語)예요. "보기 흉한 젖퉁이야, 엄마의 젖은" 하면, "너희가 빨았기 때문이지" 하고 싱긋 웃으십니다. 그렇지만 자식은 "아니 그래도 더럽잖아" 하고 생각합니다. 그것은 자신의 입장에서 현상만 보는 것입니다. 그렇지만 문제는 그런 게 아니지요. 그런 자신의 견해보다, 자기가 어머니로부터 받아온 것을 살피면, 그것은 정말 하느님으로부터 오는 것을 받아왔다는 것을 점차 음미하게 되는 것입니다.

이것을 알게 되면, 거기에 대해 자기도 뭔가 해서 갚아드리자고 생각하겠지만, 그런 식으로는 갚아드릴 수 없습니다. 존재로부터 온 것에 대해 의식 같은 것으로는 갚아드리지 못합니다. 이것을 알게 되면 절로 머리가 수그러지게 됩니다. 그래서 어머니에 대해 이런 태도를 가지게 되면 모든 사람에 대해서, 그러니까 아버지에게도, 형제에게도, 자기 제자들에 대해서도, 후배들에 대해서도 같은 태도로 대할 수 있게 됩니다.

모든 것을 존재로부터 오는 것으로 받아들이는 것입니다. 거기서, 나는 정말 보잘것없는 작은 자다, 나는 스스로 살고 있는 것이 아니라, 뭔가가 살게 해주기에 살고 있다. 이런 깨침이 나옵니다. 여기서 비로소 자기가 끼친 폐를 알고 자기가 죄인이라는 자각이 생기게 됩니다. 머릿속에서가 아니라, 살로, 마음으로 느끼게 되는 것입니다.

내가 이 사람을 대신해도 됩니까?

이런 시각을 가질 때 비로소 그리스도의 말씀을 음미할 수 있게 됩니다. 눈앞의 한 사람 속에 그리스도가 하나가 되어 나타나는 모습을 볼 수 있을 때에, 그분이 "이 사람에게 한 것은 나에게 한 것이다"라고 하신 말씀이 가슴에 와닿는 것입니다. 이건 머릿속의 생각이 아니지요. 바로 거기에 그리스도교의 요점, 그 가르침의 중심이 있습니다.

그러니까 자신의 입장에서 다른 사람을 위해 뭔가를 해주는 것이 아닙니다. 둘도 없는 귀중한 존재 하나하나에 대하여, 스스로 무(無)가 되어서 자기를 바치는 것입니다. 이것이 자기 자신을 끊어버리는, 참된 친절의 의미입니다. 이런 경지에 도달하는 수행이 그리스도인의 생활입니다. 또 그것은 생활 선(禪)이요, 생활 수행입니다.

그런데 실제로 이런 체험을 하면 어떤 일이 일어나는가, 그 구체적인 예를 살펴봅시다. 제2차 대전중 막시밀리안 콜베란 신부가 저 아우슈비츠에서 구치(拘置)되어 있었습니다. 그런데 어느날 도망자가 생겼습니다. 그래 그 벌로서 다른 세 사람(다른 자료에 의하면 열 명)이 죽지 않으면 안되는 판국이 되었습니다.

되는 대로 세 사람이 불려나갔는데, 그 중 한 사람이 울고 있었습니다. 그래서 그에게 "왜 그러느냐"고 물었지요.

"실은 나에겐 아내도 있고 자식도 있어요. 죽고 싶지 않아요."

그때 콜베 신부가 담당자에게 "내가 이 사람을 대신해도 됩니까" 하고 말했습니다. 그러자 "응, 좋아" 하고 담당자가 응낙하여, 콜베 신부는 그 사람 대신 나서서, 따로 만들어진 죽음의 방에 끌려들어가 아사형(餓死刑)으로 죽게 됩니다. 그 와중에도 끝까지 남아서 다른 사람들이 모두 운명하는 것을 돌보아주고 신부 자신도 죽습니다. 요컨대, "내가 이 사람을 대신해도 됩니까" 하는 콜베 신부의 말은 자연스럽게 자발적으로 나온 것입니다.

모두 그런 환경에서는 누구나 자기 입장만 생각하지요. "싫구나, 나는 저런 꼴이 되고 싶지 않아"라고 하지, 도저히 그런 경지까지 갈 수 없습니다. 관념만으로는 결코 그런 말, 그런 생각이 자연스럽게 퍼뜩 나오지 않습니다. 고뇌로 어찌할 바를 모르지요. 그런 말이 그렇게 자연스럽게 나왔다는 것은, 역시 신앙에 몸바쳐 살고 있다고 할까, 그리스도의 무상관(無常觀)을 살고 있다고 할까, 다시 없는, 무엇으로도 대체될 수 없는 가장 고귀한 것을 바라보는 경지에 있었다고 하겠습니다. 그렇지 않고서는 그런 말이 나올 수 없다고 생각됩니다.

미사라는 의식이 있습니다. 아마 막시밀리안 콜베 신부는 감옥에서도 어떤 방법으로든 이 미사를 드렸으리라고 생각합니다만, 그것은 예수의 최후 만찬을 재현하는 의식입니다. 거기서 그분은, "이것은 내 몸이오, 받아 먹으시오" 하십니다. 나는 십자가에 달려 죽고 부활하니 이것을 받아 먹으시오, 그리고 나처럼 참된 생명을 사시오. 내가 살고 있는 생명 그대로 사는 것입니다. 자, 받아 먹으시오 하고 말씀하시는 것입니다.

이것은 하나의 대공안(大公案)이지만, 바로 무상관(無常觀)입니다. 그 그리스도의 생명 안에 스스로 꺼져 들어가는 것입니다. 그것이 참으로 사는 길입니다.

내 몸을 먹고 내 생명을 사시오

미사에서는 성체(聖體)라는 것을 나누어 주는데, 그리스도께서 십자가 수난 직전의 최후 만찬에서, "이것은 내 몸이오, 받아 먹으시오"라고 하시며 빵을 나누어 주신 장면을 재현하는 것입니다. 이것은 신앙의 현의(玄義), 곧 위탁의 현의입니다. 머리로는 알 수 없는 신비로운 성사입니다. 예수께서는 위기의 중요한 고비엔 제자들에게 그렇게 하셨어요. 부활하셨을 때도 먹을 것이 없느냐고 물으시고는 친히 제자들에게 빵을 떼어 나누어 주셨습니다. 그리스도에게는 그와같이 먹는 일과 연관하여 하나가 되지 않을 수 없는 까닭이 있습니다. 가르치는 것만으로는 많이 부족했던 것입니다. 성체를 유럽에서는 밀가루로 만듭니다만, 일본에서는 쌀가루가 좋겠다고 생각합니다. 요컨대 정말 주식(主食)인 것, 그것 없이는 사람이 살 수 없는 것을 두고, "이것은 내 몸이오, 나를 받아 먹으시오"라고 하시는 것입니다. 그것은, 나처럼 살며 서로 생명을 내주시오라고 하시는 말씀입니다.

정말 신앙에 몸바쳐 살고 있을 때, 절박한 느낌으로 그리스도 안에 스스로 꺼져 들어가, 그리스도 그분의 존재와 더불어 실제로 절박한 삶을 살고 있을 때라면, "주고 싶지 않다"는 사람에게 "아, 그래요. 그러면 내가 대신해 드리지요"라고 할 수 있게 됩니다. 이것은 단순히 의지로 할 수 있는 일이 아닙니다. 진짜 그리스도의 신비 속에 스스로 꺼져 들어가서 그 둘도 없는 고귀한 그리스도의 무상관을 살고 있을 때에만 할 수 있는 일입니다.

또 다른 예로, 옛날 세이칸(靑函: 靑森市와 函館市) 연락선이 침몰하였을 때의 이야기가 있는데, 그때 한 부인은 이런 보고를 했습니다. "내가 살아난 것은 어떤 신부님이 나에게 나뭇조각을 건네주었기 때문이에요. 그 신부님은 물 속에 가라앉아 돌아가셨지요." 그래서 모두 사실을 알게 되었지만, 이 얘기도 역시 단순한 친절로 불쑥 자연스럽게는 할 수 없는 일을 말해 줍니다. 진짜 무상관이 아니면 그런 일을 할 수 없는 것입니다.

전쟁 때 싸움터에서 흔히 그런 일이 일어납니다. 싸움터에서 돌아온 친구가, 슬픈 일이야, 전쟁은 싫어 하고 말하는데, 왜 그러냐고 물으면, 역시 아슬아슬한 고비에 자기는 휙 피하고 그 대신 전우가 희생되었다고 합니다. 그런 체험은 자주 있는 일입니다. 뜻하지 않은 순간에 본능적으로 자신을 구원하는 것입니다.

이런 경우에 먼저 마음의 변화를 일으켜서 그런 몸바치는 마음으로 정말 무상관(無常觀)을 살지 않으면 안됩니다. 다시 말해서, 그리스도의 신비 속에 자기가 죽는다는 그런 바람을 살지 않으면 안됩니다. 이것이 그리스도교의 신앙입니다.

이런 일은 여러 곳에서, 이를테면 역사의 표면에 드러나지 않는 곳곳에서 다양한 형태로 실천되고 있으며, 우리는 그것을 볼 때, 아 신비체는 살아 있구나 하고 신앙의 참맛을 실감하게 됩니다. 마태오가 말한 임마누엘이라는 그 바람도, 요한이 남긴 예수의 마지막 유언 "내가 여러분을 사랑한 것처럼 서로 사랑하시오. 서로 발을 씻어주시오. 내가 가는 것은 다시 여러분을 데리러 오기 위함입니다. 결국 내가 하느님과 하나인 것처럼 여러분도 완전히 하나가 되도록 하려는 것입니다" 하신 말씀도 하느님의 내적 생명의 핵 같은 것을 유언의 형식으로 계시하신 것이라 하겠습니다. 이것이 그리스도교의 무상관입니다. 그 무상관대로 살 때에 그 사람은 변합니다. 이런 이를 작은 이라 부르지요.

불교의 경우에도 자비라는 것은 역시 그럴 것입니다. 고행을 해도 중생제도(衆生濟度)를 위함이라고 할까, 역시 자비와 연관이 있을 것입니다. 십자가라는 역사적인 수난의 구체성을 가지고 있다는 점에 그리스도교의 하나의 악센트가 있고, 그것이 또 그리스도인의 태도 속에 나타난다 하겠습니다.

그러니까 먼저 마음이 그런 삶으로 움직인다는 것은 정말 그 속으로 꺼져 들어간다는 것입니다. 노력한다고 해서 되는 일이 아니고, 진짜 행업(行業)을 참된 동기로 쌓아나갈 때 그런 변화가 생깁니다. 그런 존재가 주어지는 것입니다.

이런 신비로운 현의(玄義)에 참으로 참여하려면 우선 재산을 전부 버리라고 나는 말합니다. 역시 다카모리 초암의 미사를 모두 고맙다고 하는 것은 뒤에 아무것도 없고 정말 그것뿐이기 때문에 미상불 고마운 것입니다. 그리스도를 실감하는 것입니다. 그렇게 그리스도와 하나가 되는 이를 순교자, 수난자라 합니다. 앞에서 말한 콜베 신부도 그와같이 결국 그리스도를 먹었습니다. 미사에서 주의 기도를 외울 때, 일용할 양식을 주소서 하는 청원의 참뜻은 그런 의미입니다. 일용할 양식이란, 실은 우리가 보통 먹고 있는 음식이 아닙니다. 그것은 상징에 지나지 않습니다. 결국 그리스도의 몸을 가리킵니다.

그것을 정말로 자각하고 살아가는 것이 그리스도의 신비체에 딸린 지체들의 삶의 태도입니다. 그러니까 그것은 다양하게 불가사의한 형태로 나타납니다. 왜 그 사람은 그런 때에 그토록 간단히 죽어갔을까? 배곯음이라든가 아귀(餓鬼)라든가 하는 것도 하나의 표징일 수 있지만, 우리가 느끼는 구체적이고 자연적인 갈증이라는 것은, 정말로 하느님의 생명을 사는 것, 바꾸어 말해서 참된 무상함을 사는 것에 대한 목마름을 시사하는 상징이라 하겠습니다. 하느님 쪽에서 보면 그것은 반대가 됩니다. 그러니까 그리스도교는 바로 공안(公案) 그 자체입니다. 그것을 설명하려는 의식의 세계가 표면에 나선다면 뭐가뭔지 모르게 됩니다. 죄란 무엇인가를 설명하거나 그밖에 이런저런 해설을 하다 보면 더욱 더 사리를 알 수 없게 됩니다. 문제는 그런 게 아닙니다.

죄란 가령 저놈의 머리통을 한 대 갈겨주고 싶다고 생각했다느니 하는 그런 하찮은 문제가 아닙니다. 역시 폐를 끼친다는 것은 하느님께 폐를 끼친다는 데 문제가 있습니다. 이런 깨침은 반야(般若)의 세계입니다. 동기도 전연 다르지요. 이것이 무상관(無常觀)입니다. 무(無)의 세계입니다. 거기엔 하느님의 생명이 충만합니다. 아무래도 그 경지까지 가지 않으면 불교도 반야의 빛 속에서 사는 것이 아니며, 성불이니, 부처님의 생명이니 구제니 하는 말을 할 수 없다고 생각합니다.

III

활활 타오르는 것

III

옷 만드는 여성

학교가 아닌 학교

본받음에 의한 교육을

최근에는 학교다, 학교다 하면서, 불교에서도 불교대학 같은 것을 만들기도 하지만 이것은 이상합니다. 거기서 자격을 따기도 하고 박사 학위를 얻기도 하는 모양이지만 그것은 불교와 조금 틀리지 않을까요. 그리스도교는 신학 같은 것을 만들고 그때문에 이상하게 되었지요. 농담이 아닙니다. 좀더 진짜 수행이나 진짜 교육을 하지 않으면 안됩니다. 그럼으로써 오늘의 역사사회에서 인간이 어떻게 처신해야 마땅한가를 보여주지 않으면 안됩니다. 그래서 최근 여기저기서 화젯거리가 되고 있듯이, 학교가 아닌 학교의 문제가 제기되는 것입니다.

우선 배운다는 것을 생각해 볼 때 유럽적인 발상법에 의하면, 가르치는 사람이 있고 배우는 사람이 있습니다. 이것은 이미 이원성(二元性)의 관점이요, 관념세계의 이야기입니다. 본래 배우는 것(まなぶ)이 아니라, 본디의 뜻으론 본받는 것(まねぶ = 흉내내다)입니다. 그러니까 선생이란 가르치는 사람이 아니라, 배우게 하는 사람입니다. 다시 말해서 본받게 하는 사람입니다.

그런 점에서는 일본의 예전 장색(匠色)의 교육은 가장 진지하고 성실한 교육이었다고 생각됩니다. 도제(徒弟)가 스승에게 "어

르신, 가르쳐 주십시오" 하면 "바보 녀석, 어떻게 가르치겠는가? 훔쳐내!" 합니다. 바로 이것입니다. "잘 지켜봐. 그리고 훔쳐내!" 이것뿐, 다른 말은 없습니다. 요컨대 "실재의 말"(コトことば)만이 소용에 닿는 세계입니다.

이 본받게 하는 것이 교육의 기본이지만, 그러면 무엇을 본받게 하느냐가 문제입니다. 그것은 역시 인간 총체의 영역에 관계되는 것이어야 합니다. 그런데 지금의 배움이란 모두 관념성인 동시에 죄다 의식 중심의 세계에 연관된 것입니다. 사용되는 말도 관념적이지요. "실재의 말"이 살아 있다면 그래도 의식을 초월한 세계가 울리겠지만, 관념적인 말로는 울리지 않습니다.

그리고 의식의 세계에서는 목표를 세우고 거기에 도달하는 것이 일의 전부가 되어 그대로 행하는 것만이 중요하기 때문에, 그것을 행하는 목적에 관해, 혹은 그 방법론적인 문제에 관해, 또 그 원리적인 문제에 관해 의식으로 여러 가지 분석도 할 수 있고 정리도 할 수 있습니다. 그리고 자기 의식으로 짜맞출 수도 있습니다. 오직 그런 세계에서만 사람들은 배운다든가 가르친다든가 하고 있는 것입니다. 그러나 뿌리가 없으니, 모두 가라앉아 버리지요. 진실은 그렇지 않습니다. 수행하는 세계가 중요합니다. 수행하는 세계에서 본받게 하는 것이 밑바탕에 없으면, 사람이 행하는 모든 것은 왜곡(歪曲)입니다.

오늘의 학교는 그런 왜곡을 늘려가고 결함인간을 만들기 위한 곳이 되어버렸습니다. 박사 같은 것은 바로 그것입니다. 그것이, 뒤틀린 데가 많은 사회의 기구와 서로 어울리어 화응(和應)하고 있다 하겠습니다.

진실은 그렇지 않습니다. 수행하는 세계에서 그 본받음에 힘쓰지 않으면, 인간은 본래 그 둘도 없는 고귀한 사람의 길을 걸을 수 없습니다. 그것을 실현할 수 있는 하나의 길이 드러나지 않으면 안됩니다. 지금의 학교는 그런대로 괜찮다고 말해서는 안됩니다. 오늘의 학교는 폐쇄되어야 합니다. 근본적으로 선생이라든가 생도라든가 하는 관계는 일체 끊어버리지 않으면 안됩니다.

교육에 수행과 생활노동을

그러면 수행하는 길과 일상 보통으로 행하는 길과 또 실제로 걸어가는 일 등이 어울려, 본받음의 세계에서 현성(現成)해 가는 "길"은 어디에 있느냐 하는 것이 문제가 됩니다만, 이런 길을 보여주는 것은 역시 참으로 무(無)를 사는 사람들, 깨어난 사람들이라고 나는 생각합니다. 거기에 세상에서 말하는 학교가 아닌 참된 학교가 생겨나게 마련이라고 생각합니다. 거기서는 또, 인간이 보통으로 행하는 세계와 수행하는 세계와 실제로 걸어가는 세계 등이 전반적으로 어울리어 화응하는 하나의 본받음의 세계가, 지금의 의식으로 빚어지는 왜곡의 세계를 대신하지 않으면 안됩니다. 머리의 생각만으로, 말의 설명만으로 가르치는 것이 주가 되어버린다면 그것은 본받음도 아니고 아무것도 아닙니다. 그것은 사람을 죽이는 것이 되고 맙니다.

그러면 그런 본받음의 세계란 어떤 세계이겠습니까. 우선 인간의 지적 활동, 육체노동, 그리고 수행, 이런 일들이 평균적인 균형을 이루는 것이 중요합니다. 구체적으로 말하면, 지금의 학교에서 실시되고 있는 지식교육을 몇 할(割)인가 남겨두기로 하고, 나머지의 절반은 수행, 또 절반은 생활노동에 돌리고, 그리고 그 전부가 "본받음"이 되도록 하는 생활 형태를 생각할 수 있지 않겠습니까.

그러니까 학교가 아닌 학교를 추구하는 경우, 임시교육 심의위원회 같은 것은 모두 머리가 의식의 세계로 굳어진 친구들이나 하는 것이니, 그런 것 소용없습니다. 경제계에서 뭔가 모아봐도 물론 소용없습니다. 역시 지금은 종교인들에게 묻지 않으면 길이 열리지 않습니다. 어떤 식으로 할 것인가 하는 문제도 계산하거나 계획해서 되는 일이 아닙니다. 지혜의 빛 속에서 자연발생적으로 나오지 않으면 안됩니다.

그러니까 수행하는 일도 없어서는 안됩니다. 육체노동도 없어서는 안됩니다. 지적 본받음도 없어서는 안됩니다. 이런 것들의 균형이 잡힌 하나의 공동체적인 유대가 없어서는 안될 것입니다.

그리고 가정 외에 따로 학교가 있다는 따위 사고방식도 유럽 사람들의 발상입니다. 전부 잘 정리해서 처리해 나가면 된다는 사고방식, 학교와 가정을 분리해서 생각하면 된다는 사고방식을 먼저 없애지 않으면 안됩니다. 그런 것에 가치를 두고 중요시하는 가치관을 먼저 고치지 않으면 안됩니다. 그와 동시에 현재의 사회적인 활동이라는 것을 괜찮다고 보고 거기에 봉사하고 도움이 되는 학교를 만들려고 하는 관념도 없애지 않으면 안됩니다. 아무튼 학교 아닌 학교를 추구하는 기운은 자연스럽게 형성되어 왔고, 이 부근에서도 그런 조짐이 보입니다.

어쨌든 돈 따위 벌지 못해도 좋다. 참되이 살아갈 수 있으면 된다. 자기 나름의 존재가 균형이 잡히고 진짜 자기다운 진솔한 방식으로 살아갈 수 있으면 된다. 그리고 자기를 표현할 수 있는 길로 더 깊이 몰입할 수 있으면 좋다. 이런 태도가 중요합니다.

이런 견해와 사고방식을 더 많은 사람들이 자각할 필요가 있습니다만. 그러기 위해서는 미니커뮤니케이션이나 매스커뮤니케이션이나 정말 공부하고 그들 스스로도 이것을 체험하여 하나의 방향성을 시사해 주는 것도 협력 태세의 일환으로서 매우 필요한 일이 될 것입니다. 이런 일은 너무 서둘러서 갑작스럽게 선전하거나 부추기는 형식으로 하지 않는 것이 좋습니다. 착실히 그 방면의 공부를 하며 협력해 가는 것이 요구됩니다.

흉내가 아닌 독자적인 교육을 모색하다

이제부터의 교육이란, 다른 사람과의 비교가 아니라, 저기에 뭔가 지혜를 가진 사람이 있다고 하면, 그 사람에게 찾아가 듣는다는 형식으로 실시되지 않으면 안됩니다. 우리의 나가노 현(長野縣)에서는 이미 그렇게 하고 있어요. 나는 교육계와 전혀 관계가 없지만, 교장선생님들이 모여 회의를 할 때에 힌트(hint)가 될 말을 해달라고 찾아오기도 하고, 또 교장선생님이 바뀔 때마다 찾아와 뭔가 힌트를 일러달라고도 하니, 벌써 틀림없이 그렇게 하고 있는 셈입니다. 그런 일로 나는 나가노 현의 여러 교장선생님들과 서로 아는 사이가 되었습니다.

그리고 이 선생님들은 힌트를 듣고 가서 그대로 실행하는 것입니다. "교장회의에서 결정했습니다" 하고 찾아와 말하기에, 뭘 결정했느냐고 물으면, 문부성(文部省)의 교과서를 사용하지 않고 자기들이 연구해서 수업을 하기로 했다는 것입니다. 그런 일을 정말로 하고 정말 보고하러 오는 것입니다. 나가노 현이라는 데는 참마음이 있는 훌륭한 교육 현(縣)입니다.

그런 이야기를 들으면 전국에서 그대로 하면 됩니다. 아, 저기에 뭔가 전망을 가진 사람이 있구나 하고 확인했으면 그 사람이 말하는 것을 듣고, 과연 그렇구나 하고 납득이 가면 그대로 해보면 됩니다. 하면 할 수 있습니다. 문부성도 그렇게 대단한 것은 아녜요. 선생님들이 단결해서 이렇게 하겠다고 하면 어쩔 수 없을 것입니다. 감옥에 넣을 수도 없습니다. 진짜 좋은 일이기 때문입니다. 그런 방향으로 가지 않으면 잘못입니다.

예컨대 출판업자도 그저 단순히 교과서만 만들면 된다고 생각해서는 안됩니다. 조치 대학(上智大學)에서는 내 책을 심리학 수업에서 교과서로 사용하기 시작한 모양이지만, 그런 방식으로 정말 좋은 책을 발굴하고, 이것을 읽어보세요. 그 내용에 관해 모두 생각해 봅시다 하는 식으로 함께 공부할 동아리를 만들지 않으면 안됩니다. 기노쿠니야(紀伊國屋: 일본 제일의 대형 서점) 같은 데 가면 나는 언제나, 아 여기엔 소중히 간직할 만한 책은 하나도 없구나 하고 생각한답니다. 그런데 모두 바쁘게 와글거리고 있으니 정말 무엇을 하고 있는지 알 수 없습니다.

특히 교육의 현장에서는, 유럽의 관념적인 말로 거론하는 진보라든가 자유라든가 민주주의라든가 하는 것들은 모두 흩어버려야 합니다. 민주주의 따위 새빨간 거짓이에요. 인간은 평등하고 남자도 여자도 같다고 하는데 당치도 않습니다. 모두 틀립니다. 모두 제각기 자기 입장을 가지고 있습니다. 그렇기 때문에 자기의 생각을 명백히 말할 수 있는 것입니다. 민주주의 같은 거 추상(抽象)에 지나지 않습니다. 노변(爐邊)주의라고 하는 것이 진짜예요.

다로(太郞)는 다로, 지로(次郞)는 지로, 하나코(花子)는 하나코. 어머니는 어머니, 아버지는 아버지. 모두 확실히 자기라는 것을 자각하고 있기 때문에, "하나코, 그런 짓 하면 안되잖아" 하고 말할 수 있는 것입니다. 민주주의이니까 평등한 입장에서 발언하자며, "아버지는 이렇게 생각합니다", "어머니는 이렇게 생각합니다"라고 한다면 그게 무엇입니까. 아버지로서 분명하게 "하나코, 나는 이렇게 생각한단다" 하고 말할 때 거기에 진짜 민주주의가 있는 것입니다. 자신의 둘도 없는 소중한 입장에 근거하지 않은 발언 같은 건 아무런 가치도 없겠지요.

애비는 애비로서 발언하고 딸은 딸로서 발언하는 것입니다. 그렇기 때문에 결연히 "아버지, 전 그렇지 않다고 생각해요. 전 이렇게 하고 싶은 거예요" 하고 말할 수 있습니다. 이것이 민주주의예요. 모두 평등한 입장에서 어쩌구저쩌구하는 그릇된 교육을 미국이나 유럽에서 배워와 그저 흉내내면 되는 게 아닙니다. 좋은 것은 흉내내도 그런대로 괜찮지만, 그런 부질없는 일, 관념세계의 일은 일체 흉내내어서는 안됩니다. 근세적 발상의 저급한 동물적인 억지이론의 자유 같은 것, 그런 관념적인 자유 따위는 아무 쓸모도 없는 악마적 도구인 것입니다.

진보도 마찬가지입니다. 진보, 진보 하고 떠들지만 무엇이 진보입니까. 민주주의, 자유, 진보, 인권 등 이런 말들을 능란하게 구사함으로써 모든 이를 잘 지도할 수 있다고 하지만, 그런 것들은 죄다 환상이니까, 지금 당장 잊어버리는 게 좋습니다.

삶의 기본부터 다시 시작하자

이와같이 지금의 교육은 모두 의식적입니다. 그러니까 뿌리가 없고, 바람이 불지 않습니다. 그리고 행복하지도 않습니다. 본래는 행복하기 그지없는 세계에 태어났는데도, 허구적인 행운뿐이고 참된 행복이란 전혀 없습니다.

그런 사실을 알아차리기 시작한 사람들이 최근 전세계에 늘어가고 있습니다. 이런 사람들의 관심이 UFO(정체불명의 비행물체) 따위 이상한 쪽으로 가지 않고 진실한 것에 눈떠 주었으면 합니다. 그리고 이젠, 학교라는 것을 완전히 부정하는 그룹이 슬슬 나타나도 괜찮겠습니다. 학교에서 배우는 것보다도 더 나은 진짜 지혜와 지식을 우리는 지니고 있다고 장담하면서, 돈 같은 것 없어도 살 수 있다는 것을 보여주면 좋겠습니다.

지금은 무슨 제도라든가 무슨 보험이라든가 국민연금이라든가 하는 것들이 있어서 거기에 낼 돈이 필요하게 되었지만, 내가 여기 왔을 때는 일전도 필요없었습니다. 자기가 농사지은 것을 먹으며 살 수 있었습니다. 그런데 사회보장 따위 실시하니까 까다롭게 되었습니다. 돈이 필요하게 된 것입니다. 부질없는 일이지,

사회보장이 무엇입니까. 하느님이 충분히 살아갈 수 있도록 돌보아주시는데 뭘 그렇게 걱정합니까. 그런대로 생활을 해나가면 사회보장 같은 것 필요없습니다. 절로 원만하게 노후를 보낼 수 있게 됩니다.

모두 관념의 세계, 환상의 세계에 속고 있는 것입니다. 그런데 그것을 보고 뒤에서 히죽히죽 웃고 있는 나쁜 놈이 있어요. 오히려 거기에 주의하지 않으면 안됩니다. 정말 마음 편하게 지내면 그런 것 필요없습니다. 그런 것이 없으면 무리한 짓도 하지 않고, 또 죽으면 죽은 대로 괜찮은 것입니다.

지금도 후생(厚生) 예산이 부족하다, 모자란다 하고 떠들고 있지만, 이미 거의 죽게 된 사람을 한 달이라도 연명케 하기 위해 얼마나 어렵게 기계를 사용하고, 얼마나 많은 돈을 사용하고 있습니까. 본인의 영원한 생명에 관해 생각하고 그때문에 도움이 될 필수불가결의 일을 한다면 또 괜찮습니다. 그러나 그런 일은 전혀 생각하지 않지요. 무엇 때문에 살고 있는가 하는 철학이 형편없어요. 무엇을 하고 있는지 도무지 알 수 없습니다. 여기서, 이제까지 해온 일이 무엇이었는가를 분명하게 자각하지 않으면 안되는 것입니다.

요컨대, 교육에 의해 젊은이들이 자라서 이제부터 새로운 역사를 떠맡는 세대가 된다는 것이 중요하니까, 이제까지의 속빈 역사를 물려주어 그대로 짊어지게 하는 것이 참으로 미안하다는 기분, 또는 그와 같은 통찰을 어른들이 모두 되새기지 않으면 안된다는 말입니다. 그리고 역사의 진짜 의미를 떠맡는 삶의 태도를 지녀주었으면 하고, 그런 인간이 되어주었으면 하고 바라야지요.

여기서 조금씩 구체적인 실마리를 만들어 주어야 할 것입니다.

나는 그런 방향의 구체적인 제안으로서 젊은이들에게, 먼저 삶의 기본부터 다시 시작하라고 말합니다. 농사, 건축, 의복을 만드는 일, 이런 기본적인 일을 지금의 교육 현장에서는 거의 시키지 않습니다. 그런 육체노동, 말하자면 기능공들이 하는 일을 모두 할 수 있도록 참여의 기회를 마련해 주어야 합니다. 이런 노동의 본받음 속에, 일본인의 기본인 결연(結緣)의 신(神)을 본받는 배움의 전통이 계승되는 것입니다.

또 한 가지 꼭 필요한 일은, 철학적 통찰이라는 것을 교육의 가장 중요한 대목으로 잡아야 한다는 것입니다. 이런 자각이 있으면, 방향을 크게 잘못 잡는 일은 없습니다. 이런 통찰이 없었기 때문에 근세(近世)에는 엉뚱한 방향으로 나가다 원자폭탄 쪽으로 간 것입니다. 이 철학의 중요성, 통찰의 중요성이 지금까지의 철학이나 신학의 교육에서는 추구되지 않았습니다. 그러니까 수행을 해야 합니다. 수행은 바로 그런 깨침을 위한 것입니다.

그리고 계시, 또는 부처님의 지혜 같은 영적인 지혜의 빛 속에 참여하는 존재가 되어야 비로소 역사를 합당하게 통찰할 수 있게 됩니다. 또 그래야 자신의 다시 없는 소중한 삶의 태도에 관해 성찰하며, 제도 속에 갇힌 발상이 어떤 것이고 자기가 살고 있는 현장이 어떤 곳인가를 언제나 자각하는 인간관, 자신이 취해야 할 독자적 입장을 스스로 깨닫는 인간관을 가질 수 있게 될 것입니다.

"사람" 속에 있는 불

생명의 불을 실감하는 기쁨

재작년 겨울이었던가, 니치렌슈(日蓮宗) 사람들로부터, 함께 단식을 하지 않겠는가 하는 초대를 받은 적이 있습니다. 추운 겨울 1월인가 2월이었습니다.

바로 그때 나는 감기가 더치어 폐렴 증세를 보일 직전이었습니다. 의사인 나의 형은, 절대로 가서는 안된다고 나를 극구 말릴 정도였습니다. 그래도 후지이히타치(藤井日達) 님과 꼭 함께 단식을 하고 싶다고 생각했기에 집을 나서 찾아갔던 것입니다.

아침 네시 반부터 일어나서는 저녁 일곱시 반경까지 경문을 외우는 것입니다. 니치렌슈이니까 나무묘호렌게교(南無妙法蓮華經), 나무묘호렌게교 … 하고 외웁니다.

나는 폐렴에 걸려 가슴이 좋지 않았지만, "할 바에는 끝까지 한다"고 마음먹었습니다. 주위의 모든 이가 큰 소리로 "나무묘호렌게교" 하고 외우고 있으니, 이쪽도 "나무묘호렌게교" 하고 큰 소리로 외운 것입니다.

첫날은 콜록콜록 기침을 했습니다. 몸을 녹일 만한 것은 아무것도 없었습니다. 단식을 한다면서, 음식으로 몸을 녹일 수는 없었으니까요. 그런대로 단식을 하며 아침 네시 반부터 "나무묘호렌게교 …" 하고 외워댄 것입니다. 그런데 이상하지요. 어떤 일이 일어났는가 하면, 나는 사흘째 되는 날 완전히 나아서 집으로 돌아온 것입니다. 폐렴의 흔적도 없이 나는 원기를 찾고 돌아왔습니다.

이런 체험을 생각해 보면, 우리가 물질적으로 재고 달고 하는 신체의 상태와 의학 등에서는 예측할 수 없는 어떤 내적 가능성을 가진 정말로 살아 있는 몸과는 상당한 격차가 있는 것이 아닐까요. 열(熱)이라는 것, 말하자면 몸을 따스하게 해주는 불을 어떻게 받아들이느냐 하는 문제에 있어서도 대단한 차이가 있습니다. 적어도 확실하게 말할 수 있는 것은, 인간의 몸은 의사나 현대문명이 생각하는 것과 같은 기준으로는 헤아릴 수 없는 점이 있다는 사실입니다. 이런 경우는 종교적이라기보다, 몸 자체가 가지고 있는 것, 이른바 생명이 지니고 있는 것, 바로 생명의 내용으로서의 불을 의미합니다. 그런 불을 조금 더 깊이 고찰해도 좋지 않을까 생각합니다.

그러니까 비록 따뜻하게 해주는 불이 없더라도, 사람들이 모여들어서 그 생명의 불기로 훈훈해지고 또 그것을 기쁨으로 여기는 곳에서는 아주 좋은 일도 생기지 않습니까. 다만, 난방을 위한 불이 없는 것을 소극적으로 생각하여, 자꾸 견디기 어렵다, 고통스럽다고 느낄 때는 별문제이겠지만, 적극적인 관점이 되면 그런 때야말로 불의 기쁨이 새삼 환기되기도 하니, 문제는 인간의 마음가짐에 달려 있지 않은가 생각합니다.

나는 21년 전 이곳 야쓰케다케(八ヶ岳)의 산기슭에 혼자 왔었습니다. 기존의 체제라든가 그런 모든 것을 떠나서, 하느님 앞에

나 혼자의 몸이 되고 싶었습니다. 나 자신을 가다듬어 신앙의 길을, 그리스도 신앙의 길을 걷고 싶었던 것입니다.

그 무렵 이곳의 관음당(觀音堂)에는 불기 같은 건 물론 전혀 없었지만, 거기에 더하여 벼랑 아래라 그 추위가 유별났습니다. 11월로 접어들어서는 밤에 잘 때 셔츠도 재킷도 모두 껴입고 이불 속에 들어가 숨이 차도록 운동을 해도 절대로 몸이 녹지 않았습니다.

할 수 없이 이 오두막을 지은 것입니다. 그때 첫 겨울에는 정말 불기란 아무것도 없었습니다. 영하 20도쯤 되면 뭔가 편지를 쓰고 싶어도, 당시는 펜을 사용하고 있었는데 그 펜을 잉크에 찍어봤자 곧 셔벗(Sherbet, 과즙 빙과)처럼 되는 거예요. 주르르 미끄러지곤 해서 도무지 글자가 되지 않았습니다.

무슨 인과(因果)로 나는 이런 생활을 하는가 하는 생각도 들었지만, 그런 경우 조금이라도 소극적으로 움츠러들어서는 안됩니다. 이래서는 추워서 못견디겠다는 생각이 들면 달리기를 하든가, 일을 시작하든가, 나무를 자르든가 하면서 적극적으로 몸을 움직이지 않고서는 아무래도 견디지 못합니다.

지금의 문명이 잘못된 근본은 인간의 마음가짐을 철저히 응석부리게 하는 것을 기본 가치로 삼은 데 있습니다. 그것이 문제지요. 그런 기본 가치에 의거해 불을 다루는 데서 문제가 생기지 않겠습니까. 불이라는 것을 단지 기능적으로만 생각하고 물질적으로 몸을 따스하게 하는 것으로만 여기기 때문입니다. 그러니까 불에 대한 사고방식에도 본래의 상식을 벗어난 점이 불거져나올 것입니다.

절에는 흔히 바람과 불과 물과 흙과 하늘을 상징하는 오륜탑(五輪塔)이 서 있지요. 그 탑의 위에서 셋째가 불을 상징합니다.

불이라는 것은 종교라는 말이 생기기 이전부터 신비와의 대화를 위한 "기연"(起緣)이었던 것은 아닐까요.

불만이 아니라 바람도 물도 흙도 그러했으리라고 생각합니다.

옛사람에겐 불이란 바로 신비였습니다. 그 불의 신비에 이끌리어 그 신비와 대화를 하는 것이 상식이었을 것입니다. 그런데 현대에 와서는 그런 차원을 전부 저버린 것입니다. 단지 인간의 의식과 몸과 쾌락과 관련해서만 불을 이해하고 있으니까요.

불은 철저한 "정화"(淨化)다

불을 신비로 보는 관점은 불교에만 있는 것은 아닙니다. 일본에도 있습니다. 내 어머니가 태어나신 후지요시타(富士吉田)에서는 8월말에 "불의 축제"(火祭り = 히마쓰리)가 있습니다. 미상불 일본에도 불에 대한 신심(信心)이 있었다고 생각됩니다.

내가 이곳에 왔을 당시, 관음당의 화로에 언제나 불을 피워, 채소·어패류·된장 등을 넣어서 끓인 죽(おじゃ = 오자)을 만들어 먹곤 했지만, 그때 불을 가만히 들여다보고 있으면, 철학의 가장 즐거운 근원적인 것은 여기에 있구나, 정말 그래 하고 끄덕이며 마음 속 깊이 느껴지는 바가 있었습니다. 불은 주위를 따스하게 하는 그런 기능만 가진 것이 아닙니다. 불, 그것이 총체적으로 풍기는 신비성 가운데서 가장 깊은 통찰을 하도록 이끌리는

것입니다. 종교전승(宗敎傳承)들 속에 나오는 불이란 어디까지나 이런 차원이라고 생각합니다.

그리스에서 소크라테스, 플라톤, 아리스토텔레스 같은 사람들이 나오기 전의 자연철학자들, 이 사람들은 그래도 불의 깊은 신비성을 받아들일 감각이 남아 있었습니다. 그래서 우주의 본체는 불이라고도 하고 혹은 물이라고도 하면서 여러 모로 논구(論究)했는데, 그들은 자기가 실제로 보고 있는 것을 두고 이야기하고 있습니다. 이념적인 말이나 설명적인 말로 이론만 내세우고 있는 것은 아닙니다. 자신이 불의 신비를 실제로 바라보고 있는 입장에서 이야기하고 있습니다.

중국에서 배화교(拜火敎)라고 불리고 있는 조로아스터교에서는 불을 신비성의 주된 표현으로 보고 있습니다만, 이것은 유대교나 그리스도교에도 해당됩니다. 이런 인류의 종교전승 혹은 신비전승들 가운데서 예외없이 불은 언제나 중심적인 표징입니다.

유대 민족의 이야기입니다만, 예컨대 구약성서에 의하면 호렙산(시나이 산)이라는 곳에서 모세가 하느님과 대화를 하는 장면이 있습니다. 신비로운 대화가 이루어지는 대목입니다. 먼저 떨기 가운데서 불꽃이 이는데도 떨기가 타서 없어지지 않는데 그 떨기 불 가운데서 모세를 부르는 소리가 들립니다(출애 3,1-4). 이와같이 하느님의 현존과 교류를 시작할 때엔 언제나 불이 나타나는 것입니다.

예컨대, 이사야라는 예언자가 있는데, 그는 하느님의 말씀을 전하기 전에, 불타고 있는 숯이 입에 와닿아 정화되는 체험을 했다고 합니다(이사 6,6). 또한 엘리야 예언자는 하늘로 돌아갈 때

"사람" 속에 있는 불 119

에 불수레를 타고 올라갔다고 합니다(2열왕 2,11).

불이라는 것은 인간 편에서 하느님의 현존 속으로 들어갈 때에 필연적으로 통과하지 않으면 안되는, 하느님과 사람 사이의 정화의 현실을 상징하는 것입니다.

또 세례자 요한은 "나는 물로 세례를 베풉니다. … 그러나 내 뒤에 오시는 분은 여러분에게 성령과 불로 세례를 베푸실 것입니다"(마태 3,11 병행)라고 예언하였습니다. 여기 "내 뒤에 오시는 분"이란 그리스도를 가리킵니다.

요컨대 불에 의한 정화라고 하면, 최종적인 철저한 정화라는 비전이 있는 것은 아닐까요. 사실 불을 바라보고 있으면, 과연 그렇겠구나 하는 생각이 듭니다. 본체까지 완전히 바꾸어버리는 그런 정화를 생각케 합니다.

신약성서에는 "복되어라, 마음이 가난한 사람들!"(마태 5,3) 하는 구절이 있는데 이 말의 그리스 원어를 직역하면 "영에 있어서 혼의 밑바닥까지 바수어진 사람들"이라는 뜻입니다. 혼의 밑바닥까지 바수어진 사람들은 행복하다, 천국은 그들의 것이다라고 말하고 있는 것입니다. 그렇게까지 바수어 버리는 정화, 그것은 역시 불에 의한 정화입니다. 불에는 그런 비전이 있습니다.

사람이 정화될 때에 반드시 불이 언급되고 있는데, 흥미로운 것은 하느님의 뜻에 맞갖은 산 제물을 바칠 때에는 하느님 쪽에서 불이 내려온다는 이야기들이 전승에 나오는 점입니다. 불은, 하느님과 인간 사이를 중개하는 현실, 하느님의 손과 함께 나타나는 현실을 나타냅니다. 인간은 언제나 불을 그런 신비로운 것으로 보아온 것이 아닐까요.

그리스도교에 불의 신비성은 없어서는 안된다

유대교에 "번제"(燔祭)라는 것이 있습니다. 산 제물(짐승)을 통째로 모두 태워 하느님께 바치는 것입니다. 이때 연기가 하늘로 올라가지요. 이것은 역시 유대인들의 기도나 동경 등을 나타내는 상징이라 하겠습니다.

그런데 이론적으로 따지기 좋아하는 세계에서는 불에 관한 전승이 점점 사라져가고 있습니다. 종교전승들 가운데서도, 바로 그리스도교 전승에서도 사라져가고 있습니다. 따라서 구약성서를 읽는 방식이나 태도도 아주 변하고 말았습니다.

예루살렘에 갔을 때에, 훌륭한 종교가(성직자)들이 모인 자리에서 나는 잠시 성서 강의를 한 적이 있습니다. 창세기를 강의하였는데, 그 1장 첫머리에 "하느님이 '빛이 생겨라!' 하시자 빛이 생겨났다"라고 씌어 있습니다. 물 위(우주)를 하느님의 영이 휘돌고 있었다는 첫날의 일입니다. 그리고 나흗날에 하느님은 태양과 달을 만드셨다고 기록되어 있습니다.

그래서 나는 "이상하지 않습니까. 태양은 나흗날에 만들고 첫날에 빛을 만들었다는 것은 무슨 뜻이겠습니까?" 하고 모든 이에게 질문을 했습니다. 이 말을 듣고 어떤 사람이 "성서는 논리적인 것이 아닙니다" 하는 거예요. 그럴 리 없습니다. 논리를 초월하고 있지만 틀림없이 논리는 있습니다.

현대인은 깨닫지 못하지만, 빛이라고 하면 태양과 전기를 생각합니다. 낮에는 태양, 밤에는 전기, 이렇게 생각하고 있습니다.

하지만 옛날에는 전기 같은 건 없었습니다.

옛날에는 밤에 빛이라고 하면 횃불을 생각했습니다. 혹은 초나 기름이 타는 불을 가리켰습니다. 그런 의미에서 태양도 불이지요. 그때는 빛과 불은 전혀 구별할 수 없었습니다. 본래 불과 빛이라는 것은 떼어놓을 수 없었습니다.

그렇지만 그리스도교에서는 빛은 빛, 불은 불, 따로 생각하게 되었고, 빛은 양초를 통해 성당 안에 존속하고 있습니다. 그런데 이 빛과 같은 불로 산 제물을 태운다는 신비성의 상징은 없어지고 말았습니다. 하느님께 바치는 것은 그저 바치는 것으로만 생각될 뿐입니다. 빛은 다른 것으로서, 글자나 읽을 수 있으면 된다는 것입니다. 산 제물을 태우는 불로서의 신비성은 사라진 것입니다. 현대의 합리주의적 사고를 버리지 않으면, 불과 빛으로부터 같은 신비성은 나오지 않습니다.

그리스도교 전승 가운데에는 분명히 불이 있습니다. 불이 있어야 비로소 하느님의 바람도 있습니다. 창세기 1장의 첫날 이야기는 요컨대 불과 하느님의 숨기운 이야기입니다.

그리스도의 불로 태워지다

여기서 봉헌되는 미사에서는 반드시 불을 피웁니다. 작은 성당이기 때문에 작은 장작개비들을 만들어 놓고 다도(茶道)에서 쓰는 작은 화로에서 불을 피우는 것입니다. 이 불은 미사의 중심적인 의미를 이룹니다.

그리스도는 최후 만찬 때, 모든 이의 죄를 대신 속죄하기 위해 스스로 희생이 되어, 산 제물로서 십자가에 달려 죽는다고 말씀하셨습니다. 산 제물이란 요컨대 하느님의 사랑에 부응하려는 참마음에 의한 완전한 봉헌입니다. 그런 자리에서 빵을 드시고, "받아 먹으시오. 이는 내 몸입니다" 하고 말씀하십니다. 또 잔을 드시고 "모두 이것을 돌려 마시시오. 이는 내 계약의 피로서, 많은 이를 위해서 쏟는 것입니다" 하고 말씀하십니다.

이것은 그리스도교의 중심적인 공안(公案)입니다. "이것을 먹는 이는 나로 말미암아 삽니다. 나와 여러분이 하나의 운명으로 결합됩니다. 이 신비 속에서 사시오" 하고 말씀하시는 것입니다. 물질적으로 그리스도의 몸을 먹는다든가 당신의 피를 마신다든가 하는 것이 아니라, 그리스도의 산 제물이라는 신비에 동참하는 것입니다. 자기도 함께 산 제물이 된다는 말입니다.

결국 그리스도의 산 제물을 태운 불에 자기도 태워지는 것입니다. 그리스도의 피로 자기가 살게 되는 것입니다.

이 신비가 곧 우리가 말하는 수도생활입니다.

예컨대 서원이라는 것이 있습니다. 자기의 일생을 산 제물로서 하느님께 바친다는 것입니다만, 거기에 세 가지 핵심이 있습니다.

하나는 재산 소유를 일체 포기한다는 청빈입니다. 완전한 무일물(無一物)로 살아가는 것입니다. 무소유의 몸으로 산 제물이 되는 것입니다.

그리고 정결의 서원이 있습니다. 이것은 남자건 여자건, 인간관계에 집착하여 자기 마음 내키는 대로 사는 것을 포기하는 것입니다. 인간의 집착에서 완전히 해탈한다는 것이고, 이런 의미에서 산 제물이 됩니다.

또 하나는 순종입니다. 이것은 자기가 하느님을 위해 좋겠다고 생각하니까 행한다든가 자기 의지나 생각을 따라 뭔가 한다는 것을 그만두는 것, 즉 순전히 하느님의 뜻을 따라서만 살아간다는 것입니다. 이것은 가장 깊은 의미에서의 산 제물입니다. 뿌리를 태우는 것이라 하겠습니다.

이런 서원을 하는 것은, 그리스도가 태워진 빨간 불, 적심(赤心), 참마음의 불, 정성의 불에 나 자신을 내맡기는 것입니다. 나도 그 불에 타겠습니다 하고 맹세하는 것입니다.

그리스도교는 바로 하느님의 내적인 불에 대한 통찰 혹은 그 계시입니다. 그리스도교는 사랑의 종교라고도 하고, 진리라는 말을 쓰기도 하지만, 어떤 의미에서는 배화교(拜火敎)입니다.

다만 추상적으로 하느님께 뭔가 바친다는 것이 아니라, 예컨대 "너희가 이 지극히 작은 이들 가운데 하나에게 해주었을 때마다 나에게 해준 것이다. 이 지극히 작은 이들 가운데 하나에게 해주지 않았을 때마다 나에게 해주지 않은 것이다"(마태 25,40.45 참조)라고 하신 말씀이 참된 봉헌이 무엇인지를 가르쳐 줍니다. 이것은 애덕이라든가 친절이라든가 우리가 보통 사용하는 말들이 가리키는 차원이 아니라, 역시 불교에서 말하는 영적인 안식(眼識), 곧 한 사람 한 사람 안에서 부처님을 보는 눈길과 같은 차원입니다. 개개인 한 사람 한 사람 안에 무궁한 하느님 섭리의 손길을 뵙고, 거기에 참마음으로 응답하는 것, 이것이 산 제물을 태우는 불이 상징하는 의미입니다.

불을 머물게 한다는 "사람"의 모습

이제까지 서양적인 이야기만 해온 것같이 생각하시겠지만, 일본어에서 "히토"(ひと: 사람)란 말은 불(ひ = 火)이 머물다(とまる)라고 쓰고 "히토"(ひと)라고 읽습니다. 불은 물론 실제로 타오르는 불을 가리키기도 하지만, 성서에서는 영(靈)도 불이라 부르고 있습니다. 그런 불이 머무는 것이 "히토"(사람)입니다.

이런 인간 본래의 분명한 모습이 나타난 것이 "성령강림"이라 하는 사건입니다. 그리스도는 십자가에 달려 수난하시기 전에, 죽은 후 사흘 만에 부활하신다고 예언하셨습니다. 오래지 않아 모든 제자에게 좀더 내밀한 불과의 관계가 베풀어질 터이니, 그 불(영)을 위해 기도하라고 말씀하셨습니다. 그리하여 그분이 부활하시고 오십 일째 되는 날 "성령강림"이란 사건이 일어납니다. 그때 어떤 상징으로 나타났는가 하면 한 사람 한 사람 위에 불 같은 것이 내려앉았다고 합니다. 요컨대 불이 각자 위에 머물러 앉은 것입니다. 일본어로 말하면 그때 모두 진짜 "히토"(ひと), 곧 "사람"이 되었다는 말일 것입니다.

성령강림 후 제자들은 죽음도 두려워하지 않고 복음선포에 나섰습니다. 그전까지 그리스도는 뭔가 헤아릴 수 없는 이상한 말씀만 해오셨지만, 이젠 아 그런가 하고 그 의미가 웬만큼 이해되고 눈이 뜨입니다. 그리고 참사람이 되는 것입니다. 일본어는 처음부터 그것을 예언하고 있습니다. 일본어에 내포된 그 통찰의 넓이와 깊이는 참으로 놀랍습니다. 바로 "히토"(사람)라는 말이 그렇습니다. 인간의 인간다운 위엄을 참마음 안에, 성실성 안에 보고 있습니다.

우리 조상들의 사물을 바라보는 시각은 우리에게는 가장 깊은 곳에 있는 시각입니다. 또 한번 거기에 들어가지 않으면 변명할 여지가 없습니다. 우리는 과거, 현재, 미래로 변모해 가는 꿈이나 환상이 아니라, 역시 깊은 전승 속에 살아온 생명을 가지고 있습니다. 거기에 뿌리박을 때에 비로소 우리가 거기에 태어난 보람이 있을 것입니다.

오늘의 일본 사람들은 "히토"(ひと), 즉 불이 머문다는 것을 잊고 있습니다. 그저 몸을 따스하게 하면 된다, 쾌적하면 된다는 관점에서만 불을 보고 있는 것입니다.

현재 일본에서는 나무들이 유휴(遊休) 상태에 있습니다. 어느 산림이나 간벌(間伐)을 하지 않으니까 나무들이 자라지 않습니다. 역시 어느 정도는 나무를 베어내고 그런 나무를 불태우는 모닥불이나 화롯불을 체험해야 되지 않을까요. 석유 스토브나 전기 스토브 곁에서는 아무래도 인간의 진짜 정서가 나오지 않습니다. 장작불에서 오는 따스함과는 근본적으로 성격이 다릅니다.

그것은 밥맛에도 나타납니다. 처음엔 홀홀 타다가 점차 불꽃이 세차게 일어나는 장작불로 지은 옛날 그대로의 김나는 밥을 먹을 때는 정말 두손이 모아집니다. 그런 밥과, 집에서 손수 담근 된장, 화학 약품을 쓰지 않고 만든 무즙, 감자 조린 것 등은 정말 고마운 것입니다. 하느님, 고맙습니다 하는 말이 절로 나옵니다.

이 고마움을 자아내게 하는 것은 나무를 태우는 불입니다. 가스도 아니고 등유도 아닙니다. 그건 섭리입니다. 우리는 다시 한

번 불의 원점으로 돌아가지 않으면 안됩니다. 인간이 이상하게 머리를 짜내어 자기 욕망을 채우려고 여러 가지 일을 한다면 더욱더 나쁜 방향으로 가는 것은 아닐까요.

인간이 불의 본래 모습을 찾을 때 거기서 비로소 "히토"(ひと = 불이 머무는 존재)로서 뭔가 깊은 계시나 거룩한 현시 같은 것을 음미할 수 있도록 깨침의 창이 열리는 것은 아닐까요.

교회에서 전기 난로를 켜놓고 미사를 드릴 때는 아무래도 성스럽고 고마운 느낌이 우러나오지 않습니다. 머리의 생각만으로 이론을 내세우는 종교가 됩니다. 그리스도교는 그런 것이 아닙니다.

현대의 종교가 잘못되고 있다면 그 원인의 하나는 불을 잃어버린 것이 아닐까요. 모든 문명사회에 대해서도 같은 말을 할 수 있을 것입니다. "종교"라는 말은 원래 근본을 가르친다는 의미입니다. 종교라는 특별한 분야가 있는 것은 아니고, 모든 인간의 존재에 깃들인 신비의 근본을 보여주는 것이 종교입니다.

종교 안에서 불의 의미를 깊이 관찰한다면 좀더 근본적인 시각(視角)을 가지지 않을 수 없습니다.

영적(靈的)인 것,
둘도 없는 귀한 것

일상 속에 있는 "축복"의 세계

영(靈)이라는 것에는 두 종류가 있는데, 하나는 소위 일본 특유의 악령에 들렸다든가 여우에게 홀렸다든가 할 때에 끌어대는 영의 세계입니다. 그러나 내가 영이라고 하는 경우에는, 진짜 종교적인 깨침을 얻었을 때에 나타나는 세계를 가리킵니다. 이 세계는 어떤 불가사의한 자유가 있거나 이상한 현상이 있는 것은 아니고, 가장 상식적이고 가장 일상적인 삶 속에 나타나는 부처님이나 하느님의 "축복"(ことほぎ)의 세계입니다. 진짜 종교적인 세계란 상식과 조화되는 세계입니다. 이상한 세계가 아닙니다. 인간의 본래의 모습이 그대로 자연스럽게 나타나는 세계이지요.

인간이 투명해지고 단순해지고 겸손해질 때에, 요컨대 깊은 곳 신비를 향해 열려 있을 때에 이 자연스러운 감각은 좀더 원숙한 경지로 나타납니다.

예컨대, 오이풀의 꽃을 바라본다고 합시다. 내가 이 오이풀을 보고 있다. 오이풀은 이런 것이구나 하고 어디까지나 자기 바깥에 있는 사물로서 오이풀을 바라봅니다. 이것은 과학의 세계입니다. 나쁜 의미에서의 유럽식 일상의 세계입니다.

그런데 깊은 곳 신비를 향해 열려 있는 단순한 사람의 경우, 오이풀과 자기 자신을 구별하는 어리석음을 느끼기 시작합니다. 실제로 그렇습니다. 자연의 본연의 상태로 말하면, 내가 오이풀을 향해 "아, 좋은 오이풀 모습이구나" 하고 보고 있을 때는 오이풀과 나 사이의 어디도 끊어놓을 수 없습니다. 한가운데에서도, 오이풀의 곁에서도, 내 곁에서도 끊어놓을 수 없습니다. 그런데 과학자들은 어디가 경계선인가 하는 문제 따위를 논의합니다. 이것은 이미 대전제로서의 의식의 세계에서 각기 다른 입장에서 출발하고 있기 때문입니다. 실제로 존재의 차원에서는 나 자신과 오이풀은 서로 한데 어우러져 있어서 구별할 수 없습니다. 오이풀 안에 나 자신이 있고 나 자신 안에 오이풀이 있는 것입니다. 뭐라고 할까, 공감성(共感性)이라고 할까 … 오이풀에 "축복"을 받고 있습니다. 그것은 이미 감응통교(感應通交)의 세계입니다.

이 자연 속에서도 단순한 사람들은 오이풀과 자기 사이에 감응통교를 하는 삶을 살고 있다고 생각합니다. 그런 세계에는 부처님의 울림이나 하느님의 울림이 더욱 뚜렷이 나타납니다.

때때로 불쑥 나타나는 것이나 혹은 이따금 갑작스레 받게 되는 것에 의거해서는 영적(靈的) 세계와의 통교를 어디에서도 체험할 수 없습니다. 본래 그런 세계는 존재의 고유한 상태에 의거해서만 체험되기 때문입니다.

예컨대 탁구 같은 분주한 운동을 할 때에도 언제나 깊고 조용한 동굴 속에 있는 것과 같은 느낌을 가지고 있습니다. 또한 긴자(銀座)를 거닐어도 깊은 침묵 속에서 슬그머니 걸어가고 있는 것과 같은 세계입니다. 따라서 단순하게 어떤 대용품을 자동판매기에서 사는 것 같은 식으로는 체험될 수 없으며, 자아의 응어리를 풀겠다든가, 그런 영적 세계에 참여하겠다는 적극적 발심(發心)이 없으면 안됩니다. 그리고 지속성이 있어야 합니다.

자연의 존재 상태에는 갖가지 응어리가 있습니다. 자꾸 나를 내세우는 의식의 굳은 덩어리나 심리적인 콤플렉스가 있기도 하고, 신경을 건드리는 소외현상이 있기도 합니다. 그런 것이 있으면 자연히 "맺힌 것을 푸는" 세계, 곧 "베푸는" 경사로운 세계의 모습이 흐려지거나 희미해지는 상태가 생깁니다. 그런 의미에서 이 흐릿하게 만드는 것을 없애야겠다는 마음가짐이 필요합니다.

창에서 바깥을 내다보다가 이렇게 유리창을 엽니다. 조금만 마음을 쓰면 창문이 열리지요. 정말 그럴 때는 자아(自我)에 매달려 있는 것이 정말 바보스럽게 느껴집니다. 이렇게 어떤 필연성이라든가 괴로움 같은 것이 탁 떨어질 때에 저절로 "축복"의 세계가 나타납니다.

원폭(原爆) 반대와 영적 세계

원자폭탄이 터지면 곤란하다는 생각은, 이건 고운 꽃이다, 고마운 거야 하는 기분을 중하게 여기는 것과 완전히 같은 일이 아닐까요. 인간의 생명이 참으로 존귀함을 체험한 경우엔, 그 존귀한 생명을 소중히 해야겠다는 생각이 들고, 이것은 원폭 반대의 생각과 같음표(=)로 묶을 수 있습니다. 한가지 일이지요.

다만 원폭 반대의 입장은 여러 가지 형태로 자아와 결합되어 표현될 수도 있습니다. 예컨대 "우리들의 평화운동이다" 하는 식으로 말입니다. 그것이 자기들의 자아의 표현이 되고 있다는 사실을 대부분의 경우 깨닫지 못하지요. 그것을 깨닫게 하는 것이 요컨대 영적 세계에서 오는 작용입니다. 그래서 자아의 표현이라는 것을 강조하면서 평화운동을 한다면 그것도 이해할 수 있습니다. … 그러나 영적인 것은 물질적인 것이나 일상적인 것과 관계가 없다고 말한다면 평화운동은 추상적인 것이 될 수밖에 없습니다. 평화운동은 이미 영적 세계에 내포되어 있습니다.

내가 왜 원폭을 반대하는가 하면, 원폭은 "거짓"이기 때문입니다. 버젓이 진리의 가면을 쓴 "거짓", 내 나름의 말을 쓴다면 악령의 짓거리이기 때문에 반대하는 것입니다. 더구나 그것이 과학적 진리란 이름을 걸치는 것은 언어도단입니다. 당연히 용납될 수 없지요. 관계가 없기는커녕 절대로 용납될 수 없는 것입니다. 용납하거나 무관심하게 내버려둔다면 나란 존재가 없어지고 말테니까요. 정말 남의 일이 아닙니다.

반대 이유로서 단지, 죽으니까 곤란하다는 말을 한다면, 차라리 죽어도 괜찮다는 말도 나올 수 있습니다. 둘도 없는 귀중한 것 때문에 용납할 수 없다. 무엇과도 바꿀 수 없는 소중한 것을 부정하는 것은 용납할 수 없다는 입장에 설 때 비로소 원폭 반대의 의미가 깊은 곳 신비의 세계와 연결되는 것입니다.

현재 상황으로는 개별적 문제의 하나로 볼 수는 없습니다. 이른바 컴퓨터적 사회가 되면서 인간이 너무나 소외되고, 그러니까 인간의 둘도 없는 소중함이란 생각도 사라지고, 원자폭탄도 예사로운 것이 되었습니다. 오늘의 문명사회의 비극은 인간 소외와 깊이 관련되어 있습니다. 교육도, 먹거리도, 입는 것도, 심지어 사회복지 문제에 이르기까지 모든 게 인간 소외와 관련이 있습니다. 그런 것을 부정하지 않는 한, 원폭을 부정해도 소용없다고 생각합니다. 모든 것이 같은 차원의 문제입니다.

거룩한 것과 경제와의 교차(交叉)

젊은 사람들이, 사는 보람이 없다, 어떻게 살아가야 되는가 하고 말합니다만 … 결국 경제 전체가 대용품 같은 것들을 대량 생산하고 거짓말을 하고 있는 현실에 맞서, 둘도 없는 귀중한 것을 위한 삶, 그런 생활을 하고 싶다는 동경(憧憬) 같은 것이 우러나오지 않으면, 원동력을 얻지 못합니다. 그런 것이 엿보이면 나는 젊은 사람들에게 말합니다. 먼저 흙에서부터 시작하시오라고 말입니다. 흙에서 나온 것을 먹고 있는 한 살아갈 수 있기 때문입니다. 거기서부터 먼저 시작하시라는 말씀을 여러분에게 드리고 있습니다만, 이런 움직임은 일본에만 있는 것이 아니라고 생각합니다.

경제의 원리는 나누어가짐이라는 새로운 입장에 의거한 경제의 움직임이 보이지 않으면 정치도 개혁할 수 없습니다. 그런 용기를 북돋우어 준다고 할까, 어쨌든 이 길밖에 없다는 나누어가짐의 비전을 주는 것이 종교의 역할이라고 나는 생각합니다.

종교와 경제가 교차하는 곳이란 의미에서, 실제로 내가 여기서 지낸 20년은 그런 체험의 연속이었습니다. 우리는 교회로부터도 수도회로부터도 돈이라곤 한푼도 받지 않고, 다만 내가 개인적으로 연관성을 나타내는 의미에서 조금만 받아왔지만, 나머지는 모두 우리 자신의 힘으로 꾸려왔습니다. 그때그때 자연스럽게 주어지는 것으로 살아온 셈입니다. 이 원리가 곧 나누어가짐입니다. 당신은 그것을 가지고 있고, 나는 이것을 가지고 있군요. 그러면 이거 드리지요. 그럼 고맙게 받겠습니다. — 이렇게 나누는 것뿐입니다. 결코 굶어죽지는 않습니다. 인간으로서의 마음이 죽어버리면 굶어죽겠지만, 살아 있는 한 내가 정말 누구에게 뭔가 열심히 해드리면 나는 뭔가 받게 마련입니다. 그리고 이 나누어가짐의 원리에 의거해서만, 참으로 둘도 없는 귀중한 것을 위해 경제가 봉사하는 길이 열리는 것입니다.

긴급한 경우에는 대용품이 필요할는지도 모릅니다. 그러나 어디까지나 그것은 대용품이요, 그저 임시적인 것에 지나지 않습니다. 이런 감각을 끊임없이 배양한다는 것은 역시 깊은 곳 신비와 연결되어 있지 않으면 불가능합니다. 그렇지 않으면 거짓말을 하며 장사를 하게 됩니다. 지금은 장사로 성립되고 있는 세계이니까요.

그리고 (자기 전문 이외는 아무것도 모르는 사람을 가리키는) "전문 바보"(專門馬鹿 = せんもんばか)라는 말이 있지요. 그런데 모든 것이 전문화되어 버린다면 자기 전문에 관해서도 바보가 됩니다. 전체가 보이지 않기 때문입니다. 전문가 이외의 다른 이들이 바보가 아니라, 전문가가 바보입니다. 전문가란 말은 아주 부끄러운 말입니다. 그런데 모두 부끄럽다고 생각하지 않습니다. 훌륭한 타이틀이 됩니다. 이런 세계의 존재양식이 요컨대 컴퓨터

사회입니다. 전문화되면 전체가 보이지 않습니다. 이것은 역시 성스러움의 세계에서 떨어져나간다는 것을 의미합니다. "전문 바보"란 성스러움에서 떨어져나온 현상입니다. 인간 본래의 모습에서 이탈한 현상이지요. 그러니까 예를 들자면, 학자라도 농삿일을 해볼 시간을 가지는 것이 좋습니다. 아니, 하지 않으면 안됩니다. 혹은 농민이라도 글을 읽고 쓰는 시간이 있어야 합니다. 그런 세계로 옮겨가지 않으면 안됩니다. 그런 시대가 아니면 새로운 시대가 될 수 없습니다.

현대문명을 구원하는 것

선과 악이라는 것은 우리의 도덕세계에서 궁리되는 것이 아니라, 진짜 종교적인 요소가 일상적인 생활 속에 들어왔을 때에, "축복으로" 또는 꺼림칙한 것으로 감각되는 것을 말합니다. 선악이란 인간중심입니다. 아니, 선악이란 "축복", 또는 역겨운 것 그 자체입니다.

청소할 때도 그렇습니다. 그것은 다만 더러우니까 청소한다는 의미가 아닙니다. 그것은 정화(淨化)입니다. 입는 옷도 그렇습니다. 나는 도쿄에서 사람들의 옷차림을 보면 역겨운 느낌이 듭니다. 마음을 입은 사람은 어디에도 없습니다.

사물과 사물이 서로 어우러지는 존재 감각이 중요합니다. 감응통교할 때의 그 감각 속에서 인간이 인간답게 되는 것입니다. 오이풀이 나요. 내가 오이풀이라는 하나됨 가운데서 비로소 인간답게 됩니다. 그런데 그런 연관성을 전부 끊어버리는 문명 속에서 인간은 살고 있습니다.

건물도 그렇습니다. 콘크리트는 절대로 이같이 서로 어우러져 하나가 되는 감각을 주지 않습니다. 거기서 느껴지는 것은 거부의 감각이요, 무관계의 감각입니다. 철근 콘크리트의 교회 건물을 세우고 거기서 제대로 기도를 드릴 수는 없습니다. 인간의 천성은 그렇게 되어 있지 않기 때문입니다. 영적인 것이 없으면 뭐가 뭔지 모르게 되어, 철근 콘크리트의 교회 건물을 세우는 것입니다. 그래 영적인 것은 어떤 모양으로 나타나는가 하면, 모두가 본래의 모습이 되어 새로워져서 뭔가 둘도 없는 귀한 가치에 연결되어 가는 길이 열릴 때에 알아볼 수 있습니다.

일상생활 가운데 성스러운 것이 나타나는 그 울림은 그때그때 천차만별입니다. 인간의 입장에서는 그것을 예측할 수 없습니다. 성스러운 것이 이상하게 부드러운 양상만 띠고 있다면 그런 성스러움은 필요없습니다. 동정이라든가 자비라든가 자선 같은 것에만 결부되는 성스러운 것도 필요없습니다. 꾸짖고 그런 짓 하면 멸망한다고 을러대는 노여움과 엄격함이 함께하지 않는 부드러움 따위는 성스러운 것으로부터 나온 것이 아닙니다.

노여움의 부드러움을 모르는 자는 성스러운 것과는 관계가 없습니다. 우리가 상상하는 성스러운 것의 울림은 부드러움이든가 사랑이든가 하는 그런 간단한 것이 아닙니다. 그때그때 형편 따라 천차만별입니다.

요컨대, 인간의 욕심과 결부된 형태로는 성스러운 것이 결코 나타나지 않습니다. 일상의 우리 인간 편에서는 예측할 수 없는 형태로 성스러운 것의 소리가 울려옵니다. 조용히 울릴 경우도 있고 돌연 천둥처럼 무섭게 떨어지는 경우도 있습니다. 그래도 그 소리가 없어지면 인류를 태운 현대문명이라는 기차는 단애(斷崖) 절벽에서 떨어지는 수밖에 없습니다.

이 세계는 컴퓨터 또는 원폭의 시대에 도달하였지만, 여기서 다시 한번 원점(原點)으로 되돌아가지 않을 수 없는 상황이 빚어지고 있습니다. 이제부터는 성스러운 것의 개입 없이는 세계를 움직일 수 없습니다.

정치가나 경제학자들끼리만 이야기를 나누어봐도 아무 소용 없습니다. 인류의 미래에 대한 어떤 해결책도 나올 수 없습니다. 지금의 이 사회를 어떻게 정리·조정하느냐 하는 노력만으로는 역사를 헤쳐나갈 수 없습니다. 그런 슬기는 성스러운 세계에서만 옵니다.

자연스러운 자급자족의 생활

깊은 통찰에 근거한 어림짐작

근래 무엇이나 직접 자기 손으로 만들고 꾸려간다는 자급자족이 유행하고 있는 모양이지만, 결국 천상천하 무일물(無一物)의 영적인 바람에 이끌리어 살아가는 것이 바로 참된 자급자족의 본체(本體)입니다. 단지 자기 스스로 해본다든가, 기계를 사용하지 않고 손으로 만든다든가 하는 수준의 "손수 만듦"에서 느끼는 재미란 뻔한 것입니다. 역시 자기를 완전히 비우고 영적인 바람에 이끌리어 자연스럽게 꾸려가는, "제 손에 의한 자급자족"의 삶이 소중한 것입니다. 그러니까 기본적으로 천상천하 무일물의 생활을 시작하지 않으면 그런 소중한 자급자족의 삶은 이루어지지 않는다고 생각합니다.

인간이 어떤 방향을 결정하고 아무리 생각을 짜내어 무슨 일을 해도 인간 의식의 차원에 머물러 있기 때문에 한계가 있습니다. 그런 것이 아니라, 자연과의 대화에서 사물의 소리를 들으면서 그 소리 따라 소중한 세계에서 살아갈 때 바로 거기에 참된 의미에서의 진보도 있는 것입니다. 오직 기본적 태도로서, 사물의 소리를 잘 듣고 그 본래의 모습에 순응하는 그런 마음가짐이 깊어짐으로써 생기는 변화가 진짜 진보입니다. 진보라는 말을 굳이 사용한다면 그런 경우밖에 없으며, 인간 의식의 세계에서는 어떻게 변화해 가도 그것은 환상일 따름입니다.

이곳에서의 생활에는 자급자족이라는 개념은 제로(零)입니다. 농담이 아녜요. 하지만 그밖에 달리 살 방법이 없다는 느낌은 있습니다. 그저 모르는 것투성이라, 결국 기본은 어림짐작이 될 수밖에 없습니다.

농사짓는 이들은 흙이 어떻게 되어 있는가, 이 비료를 넣으면 어떤 상태로 변화하는가 하는 전문적인 내용은 아무것도 모릅니다. 다만, 작년에 논에다 생풀을 넣었더니 매우 반드럽게 되었다든가, 그 뒤가 굉장히 좋았다든가, 역시 그건 괜찮았다든가 하는 체험의 축적이 있을 뿐입니다.

예컨대, 퇴비 한 가지만 보아도, 어떤 해는 풀이 많고, 어떤 해는 마른 잎이 많고, 어떤 해는 인분이 많고 하여, 정말 해마다 다르지요. 그러니까 작년에 넣은 퇴비가 금년에 어떤 작용을 하고 있는지, 또 재작년엔 어떠했는지, 그런 거 모두 체크할 수는 없고 또 무엇보다 그럴 필요도 없습니다. 모든 것이 변동하고 있기 때문에 그런 경우 역시 어림짐작으로 해나갑니다. 요컨대 벼의 자라는 상태를 보고 이것은 좋았다든가, 이것은 이렇지 않을까 하는, 하나의 통찰 결과를 따라 살고 있을 뿐입니다. 그러니까 농사짓는 사람들은 해마다 일학년 생도랍니다.

다만, 정말 열심히 농사를 짓고 있는 사람과 이야기해 보면 그 어림짐작이 굉장하답니다. 오랜 경험의 축적과 오래된 지혜에 근거한 어림짐작을 들어보면 절로 탄성이 나옵니다. 그래서 그런 사람들과 이야기를 나누면 즐겁기 짝이 없습니다. 저 어림짐작은 어떨까, 아니 저 억측엔 좋은 점이 있어요 하며 서로 존중하며 이야기를 나누는 것입니다.

모내기에서 배우는 각인각색의 멋

예컨대 모내기를 해도 모두 그 방법이 다르지요. 모내기는 이렇게 해라, 어쨌든 뿌리가 흙에 잘 길들도록 심어라, 그리고 깊이 심어서는 안된다, 분얼(分蘖)하도록 얕게 심어라, 그러나 쓰러지지 않게 심어라 하고 말하지요. 요점은 그렇지만, 나는 나대로 체험해 온 바에 근거해서 가르칩니다. 그런데 다른 농부는 또 다른 솜씨로 역시 오래된 지혜를 실천에 옮깁니다. 그러니까 누가 제일 낫다든가 하는 말은 아무도 할 수 없습니다.

그리고 홋카이도(北海道) 사람은 그런 모내기를 하고, 이 지방 사람은 이런 모내기를 하고, 각각 그 방식이 다른 데는 이유가 있습니다. 볏단을 묶는 데도 홋카이도 식은 볏단이 커서 힘있는 사람이 묶으면 단단하게 뭉쳐집니다. 이런 볏단을 보면 기분이 좋지만, 힘없는 사람이 묶으면 곧 흐트러지고 맙니다. 여기서는 짚이 모자라서 아껴야 하는데, 그런 방식으로 묶어서는 곤란하지요. 그런 사소한 일도 지방 따라 모두 틀립니다. 그러니까 경험의 세계라 해도, 무엇이 제일 낫다 하는 식으로 못박을 수는 없습니다. 저마다 특징이 있고 저마다 배울 점이 있게 마련입니다.

모내기 때는 대개 망태에 모를 넣어 나르거나 논에 모를 던져 놓고 심어 나갑니다. 미숙한 사람은 모를 망태에 넣고 일하는 것이 힘들기 때문에 논 여기저기에 던져놓고 차례로 주워가며 심어

나가는 것입니다. 그런데 좀 색다른 사내가 있었습니다. 그 사내가 모내기 도중 논에서 올라왔는데, 보니까 발목에 빈 깡통을 매달고 있었습니다. 그 깡통 속에 모를 넣고 이앙작업을 하는 것입니다. 그럴듯해요. 마을 사람들 가운데 아무도 이제까지 그렇게 해본 적이 없습니다. 그런데 그 사내는 어느 땐가 문득 기발한 생각이 떠올라 그 묘한 방법을 발견한 것입니다. 그 방법이 그에게는 안성맞춤이었습니다. 하지만 우리들이 그것을 모방해서 해보니 오히려 번거롭기 짝이 없습니다. 일이란 그런 것입니다.

그러니까 기계라 해도 누가 하든 똑같은 결과가 되도록 하나의 작업을 절대화해 버리면 아무런 재미도 없고 무미건조해집니다. 집을 짓는 것도 그렇습니다. 각자 오두막집을 지어 보라고 하면, 모두 제각기 짓는 방식이 다르지요. 베틀로 베를 짜는 경우도 한 사람 한 사람 그 완성한 만듦새가 다른 것처럼, 같은 일을 하는 것 같아도 결과는 모두 다르게 마련입니다.

나는 거기에 멋의 세계가 있다고 말합니다. 예컨대 목각(木刻) 인형을 보면 가장 단순한 디자인이나 기술로 만들어도 그만큼의 다양성과 깊이가 있습니다. 이것은 결국 인간 존재의 다양성과 깊이 그 자체입니다. 바로 그런 데에 사람이 사는 즐거움이 있는 것입니다.

형식이 아닌 진짜 솜씨 뵘이란

그러니까 다도(茶道)도 마찬가지입니다. 다도를 가르치는 선생에게, 이렇게 한다, 저렇게 한다 하며 여러 가지 배워서 면허장 받

아도 소용없습니다. 그런 것 "솜씨 봄"(일본어: "お手前拜見" — 다도 용어)이라 할 수 없습니다.

"솜씨 봄"이란 말에는 굉장히 깊은 의미가 있습니다. 딴은 거기에 드러나는 인격을 손[手]이라고 하지요. 일본 말에서는 "말하는 사람"을 "話し手"(하나시테), "얘기 듣는 사람"을 "聞き手"(기키테)라고 하지요. 그 손의 앞, 곧 인격 그 자체, 당신 존재의 뿌리, 그것을 보여주십사, 맛보게 해주십사 하는 것이 "おてまえはいけん"(솜씨 봄)이라는 것입니다.

이 솜씨 봄이란 그리스도교의 미사와 직접 상응하는 울림이 있습니다. 다도(茶道)는 센리큐(千利休)로부터 시작되었다고 하는데, 그 속에는 그와의 만남이 반영되어 있습니다. 다도의 동작을 보면, 종교적인 감각 속에서는 자연스럽게 그런 동작이 이루어진다는 것을 알 수가 있습니다. 그것을 포착하여 하나의 범절(凡節) 형식으로 만든 것이 다도의 유의(流儀)입니다. 그리스도교에서는 무엇이 중요한 문제냐 하면 그리스도의 몸을 받아먹는 일입니다. 그것은 모든 인간의 가장 깊숙한 안쪽에 있는 생명, 바로 하느님으로부터 주어진 생명을 받아모신다는 것입니다. 그러니까 성체를 받아먹는다는 것은 그리스도를 받아모실 뿐 아니라, 각자의 가장 깊은 신비를 받아모신다는 것입니다. 이것이 "솜씨 봄"입니다.

이것은 억지로 이치에 맞추려고 한 해석이 아니라, 실제로 그런 것이 있기 때문에 "솜씨 뵙는" 일도 생기고 다도도 이루어졌을 것입니다. 다른 종교전승과의 만남에서도 다도의 "솜씨 봄"과 같은 경지를 찾아볼 수 있습니다. 나는 미사를 봉헌하면서 바로

"솜씨 봄"의 참뜻을 깨달았습니다. 여기저기서 여러 해 경험해 보고서야 안다는, 그런 것이 아닙니다.

나는 이전에 오직 한 번, 다도 범절을 갖춘 자리에서 진짜 "솜씨 봄"을 체험한 적이 있습니다. 그것은 히로시마(廣島)에서, 옛 무사들 가운데 전승된 다도를 만났을 때였습니다. 그때는 내 친구인 여자분이 차를 달였는데, "어머나, 이건 이렇게 했던가요. 이것으로 될는지 모르겠어요" 하고 재잘재잘 지껄이며 차를 달여 냈고 나는 그것을 받아 마셨습니다. 그건 달콤한 차였습니다. 구수하고도 깊은 맛이었어요. 그런 맛을 본 것은 그때뿐이었습니다. 어떤 선사(禪師)로부터 차를 얻어마셨을 때도 쓴맛이 남아 있었습니다. 어디서 차를 얻어마셔도 그런 맛은 보지 못했습니다. 진짜 "솜씨 봄"이란 이런 것이겠지요. 그 수준까지 가지 않으면 다도도 묘미가 없다고 나는 생각합니다. 하지만 지금의 다도에서는 거기까지 교육을 하지 않지요. 교육하고 있는 것은 형식뿐입니다.

나는 차의 전문가가 아닙니다. 하지만 진짜와 가짜는 대뜸 알아봅니다. 어떤 훌륭한 선생이라 하더라도 뿌리가 없으면 곧 그것을 알 수 있습니다. 그런데 그런 위장이 버젓이 통하는 것이 이 세상입니다. 세상에서 평판이 좋은 것을 흔히 진짜라고 하는데 천만에 말씀입니다. 그런 평가의 기준을 참으로 진짜에 맞추어가는 곳에 문화가 있는 것입니다. 그런 중심적인 것이 없어지면 모든 게 그저 부질없는 연극이 되어버립니다. 역시 정말 심오한 열반의 경지가 체험되는 곳이라야 "솜씨 뵙는" 일도 있는 것입니다.

정취 깊은 생활을 제 손에 의한
자급자족의 공간에서

다시 한번 진짜를 만나는 진짜 즐거움을 누리는 데는 어떤 조건이 필요한가 생각해 봅시다. 우선 돈이 없어야 합니다. 그 다음엔 시간의 여유가 있어야 합니다. 그리고 인내가 필요합니다. 또한 이 세상의 잣대로 재며 좋은 일을 해보겠다는 발상 따위도 잊어버리지 않으면 진짜 재미는 생기지 않습니다.

예컨대 나는 이곳 뒤꼍의 종탑이 있는 경사지를 좀더 깎아내고 어떻게 이용할 수 없을까 여러 가지 궁리를 하고 있었습니다. 그런데 시간이 없다, 돈이 없다, 손이 모자란다 하면서 내버려 두었습니다. 그러나 몇 해 지나서 퍼뜩 눈여겨보니, 내가 생각하고 있었던 것보다 좋은 선이 나타난 것입니다. 바람과 비가 바로 그런 선을 드러내준 겁니다. 일이란 그런 거예요.

다카모리(高森)에 와서 이런 공간을 만들었을 때는 30년 뒤의 미래상을 머리에 두고서 일을 했습니다. 지금 이 나무가 30년 지나면 저만큼 큰 나무가 될 테니까 이런저런 모양이 되겠지 하고 말입니다. 그것이 인간의 미래 전망에서 취할 수 있는 기본 자세입니다. 계획이란 도대체 무엇입니까? 머릿속에서 생각한 환상적인 일이나, 퍼뜩 생각난 일을 구체화하는 것이겠지요. 그것은 오만입니다. 앞으로 역사가 어떻게 될 것인지, 또한 우주가 어떻게 될 것인지도 모르는데, 무엇을 머릿속에서 생각하고 실현하겠다는 것입니까?

우리가 할 수 있는 일이란 오직 받아들이는 것입니다. 우리는 주어진 삶을 살고 있으니, 그것을 어떻게 받아들이는 것이 겸손한가, 이런 발상이 중요합니다. 그렇게 살면 가장 즐거운 삶을 누릴 수 있습니다. 뒤에 가서야 깨닫게 되지만, 넘치는 은혜가 실감되고, 정말 고맙구나 하는 생각이 듭니다.

도시 따위는 바로 정반대입니다. 인간을 죽이지요. 서로 죽이고 속이고 하면서 살아가는 세계를 얽어 만들고 있습니다. 그걸 행복하니 뭐니 선전만 합니다. 전혀 행복하지 않아요. 얼굴들이 모두 딱딱하게 굳어지고 있지요. 그런데 절도 교회도 그 우스꽝스러운 현상을 뒤따라 허겁지겁 달리고 있습니다. 어처구니없는 얘기입니다.

내가 사는 곳에는 새(띠나 억새) 이엉으로 이은 지붕이 많습니다. 석양빛을 받으면 뭐라 말할 수 없는 소중한 느낌을 불러일으키는 빛이 감돕니다. 그 새 하나하나 세면 몇 백만 본인지 몇 천만 본인지 모릅니다. 그 하나하나가 합쳐서 그 힘과 부드러움을 이루고 있습니다. 콘크리트 같은 거 왜 좋다고 하는지 모르겠습니다. 시공이 끝난 순간부터 그것은 끊임없이 분해하며 망가져 가는 것입니다.

그 소방법 따위, 그런 것 부질없는 거예요. 소방법 때문에 새 이엉으로 이어서는 안된다지만 무슨 소리입니까. 새 이엉으로 이은 지붕은 불이 붙으면 깨끗이 타버립니다. 독성 가스 같은 거 생기지 않습니다. 오히려 화재를 내지 않도록 주의해서 사는 자세를 가르치는 편이 중요합니다. 만약 타버린다면 또 만드는 즐거움이 있을 거예요. 어쨌든 지금 일각일각을 그렇게 순수하게 사는 것은 즐거운 일입니다.

자동차도 그렇습니다. 빨리 가기만 하는 것이 능사는 아닙니다. 빨리 가기 위한 기계가 있어도 괜찮지만 대개의 경우 천천히 구경하면서 관광여행하듯이 가는 편이 좋은 거예요. 그런 생활태도로 살아가면 세계는 경이로운 것들로 가득 차 있습니다. 아, 이런 꽃이 여기에 피어 있었군, 어, 이 벌레는 어디서 왔을까, 이렇게 언제나 놀라운 일로 충만한 세계예요.

그런데 개발이라는 것을 하다 보면, 어럽쇼, 여기 오솔길이 없어졌네, 아, 이것도 없어졌네 하고 어리둥절해집니다. 없어지는 것뿐이지요. 모든 것이 죽어가는 지옥의 세계나 진배없습니다.

예를 들면, 나는 무엇을 집필하는 경우, 도쿄의 수도원에서 글을 썼더라도, 이곳으로 돌아오면 전부 태워버립니다. 여기 돌아와서 다시 읽어보면 천박하다고 할까, 글의 감각이 이상한 거예요. 머릿속의 감각이 되어버렸다는 것을 여기 돌아오면 알 수 있습니다. 도쿄에 가면 부지불식간에 그런 문장을 써버리니까 무서운 노릇입니다. 자기도 모르는 사이에 그런 영향을 받는 것입니다. 한 주간만 거기 있으면 벌써 그런 영향을 받게 마련입니다.

그러나 도회지도 여러 유형이 있습니다. 예컨대, 파리란 곳에는 아직 인정, 곧 휴머니티를 느끼게 하는 이상한 공간이 있습니다. 그건 역시 하나의 전통으로 짐작됩니다. 그러니까 도회지라 해도 예를 들어 오스트리아 부근, 뮌헨 같은 곳에는 아직 좋은 공간이 남아 있는지도 모릅니다.

도쿄에도 옛 에도(江戶)의 그 좋은 정취를 느끼게 하는 공간은 아직 남아 있다고 생각합니다. 그러니까 도회지는 모두 몹쓸 곳

이라는 말은 아닙니다. 미상불 서민 근성이랄까 이런 걸 가진 에도나기(江戶っ子 = 에돗코), 곧 도쿄 토박이가 살고 있는 곳이 있다면 거기엔 어떤 만남이 있으리라고 생각됩니다.

그런즉, 도회지는 몹쓸 곳이라 해도, 역사는 그렇게 단번에 사라지는 것은 아닙니다. "에도"(江戶)란 전통은 아직 남아 있다고 나는 생각합니다. 그래 그런 것을 살리는 방향으로 나가지 않으면 안됩니다. 모두 깨끗이 정리된 것처럼 보이는 것이 진보는 아닙니다. "에도"가 역시 남아서 전해지도록 생각을 짜내는 일, 바로 자기 손으로 자급자족하는 공간을 만들어가지 않으면 안된다는 말입니다.

자급자족하는 다카모리의 생활

여기 다카모리(高森)에서는 전적으로 마음 이끌리는 대로 자연스럽게 자급자족의 생활을 영위하고 있지만 뭐 특별한 생활은 아닙니다. 오히려 보통의 평범한 생활입니다. 인간이 무슨 일이나 성가시게 여기지 않고 귀찮아하지 않으며 참마음으로 조심스레 살아갈 때는 모든 것이 진정한 자급자족입니다. 이런 생활에 관해 적어둔 것이 있기에 몇 가지 열거해 보겠습니다.

1. 구더기의 군상(群像)

산기슭에 위치한 내 거처에는 수세식 화장실 같은 사이비 문명은 없습니다. 거름(분뇨)구덩이라는 것이 어엿하게 있습니다. 인류는 예로부터 이 거름구덩이를 소중하게 이용해 왔는데, 왜 그

전통을 무시하고 있습니까. 가로되, 불결하다. 가로되, 파리가 생긴다 하지요. 자기 뱃속의 똥은 불결하지 않습니까. 구더기 죽이는 약을 넣는 것이 청결입니까?

나도 솔직히 말해서 신경질적인 편이라, 별로 파리를 환영하지는 않습니다. 그러나 인도에라도 가면 곧 체념하고, 수프 위에 시커멓게 몰려드는 파리떼를 입으로 훅훅 불어서 쫓으며 그걸 먹는데, 어쩌다 도망가지 않은 파리가 입술 언저리에서 날갯소리 내는 걸 들으면서 함께 마시는 경우도 있습니다. 하지만 일본에 있으면 절로 요구하는 게 많아집니다.

내 오두막의 뒷간은 노인들 취향에 맞게 남쪽에 있기 때문에 자꾸 구더기가 기어올라옵니다. 그러나 죽이지는 않습니다. 올라온 것은 아래로 떨어뜨리곤 합니다. 내가 출타하여 집에 없으면 수녀님이 깨끗이 청소를 해줍니다. 구더기도 기어올라오지 않습니다. 구더기 없애는 약을 썼구나, 혼자 생각하지요. 그러나 오래지 않아 또 구더기의 기어오름이 시작됩니다. 수녀님의 호의로 수년 전부터 겨울에는 작은 전기 스토브를 갖다 놓았습니다. 그 때문인지 초겨울에는 한때 구더기의 기어오름이 오히려 심해집니다. 그러나 엄동설한이 되어 영하 15도 이하가 몇 주간 계속되면 곧 구더기는 보이지 않게 됩니다. 겨우 자아(自我)와의 미묘한 싸움이 종언을 고합니다.

그런데 말입니다. 영하 15도 엄동설한의 평화로움이 오고 한 달이나 지난 어느 날 전기 스토브 끄는 것을 잊었다가 몇 시간 뒤에 돌아가보니, 틀림없이 구더기 한 마리가 눈앞에 있었습니다. 눈여겨보니 작은 먼지 같은 구더기 몇 마리가 큰 구더기의 둘레를 에워싸고 있었습니다. 마치 엄마구더기의 둘레를 에워싸고 있는 것 같은 느낌이었습니다. 나는 일순간 엄숙한 기분이 되어 합장하였습니다. 다음날도 또 그 다음날도 구더기들은 움직이지 않았습니다. 그것은 틀림없이 구더기들이 사투 끝에 스스로 빚어낸 군상(群像)이었습니다.

2. 제 손으로 만든 부지(敷地)

자칭 문명인들이여, 학자들이여, 다짐해 두지만, 지구란 인간의 손으로 만든 것과는 다른 것이오. 태양도 달도 별도 우주도 그렇소. 물도 공기도 불도 흙도 그런 것이오. 이 지구의 표면은 원래 이건 내것이라는 말 따위 함부로 할 수 있는 대상이 아니오. 그런 말을 하기 시작한 것은 바로 당신들 서구 문명인들이오. 그뿐이랴, 정지작업인가를 해서 다른 사람들에게 팔아넘기고 있으니! 지면에 네모꼴 혹은 세모꼴의 대지를 만들어, 그 위에 사각형의 집이나 둥근 집을 세우고는 분양한다고 합니다. 그런 사업을 전문으로 하는 회사가 있는가 하면, 시청이나 현청(縣廳)도 그 모방을 합니다. 누구의 허가를 받고 그런 일을 하고 있는가! 내가 사는 곳 위쪽에 M의 숲이라는 게 있습니다. 거기에 도쿄 교외의 일률성(一律性)을 옮겨놓고 뽐내고 있어요.

우리도 이 장소를 마을 사람으로부터 양도받았습니다. 그러나 그것은 마을 사람들이 주거지로는 사용할 수 없는 북향의 경사면이었습니다. 한 평에 3백 엔으로 샀는데 집을 세울 자리도 없었습니다. 그래서 나는 불도저를 불러서 토지의 조각을 시작했습니다. 다시 말해서 그것은 불도저를 통해 토지와 대화를 하는 일이었습니다. 그때그때 방향이나 거리를 지시해, 일을 하게 했습니다. 그러자 지배인은 "설계도도 없는 일에 책임을 질 수 없다!" 하며 화를 내고 돌아갔습니다. 운전기사와 나만 남았지요. 한나절이 지나자 이 사내도 화를 내고 돌아갔습니다. 그들도 문명인이었던 것입니다.

내가 하다가 남긴 일은 얼음과 비와 바람과 열이 해주었습니다. 자급자족의 부지란 하느님의 자녀들, 곧 산이나 나무나 내의 흐름과 조화하지 않으면 안됩니다. 그것은 많은 사람이 여기에 잘 모이는 이유의 하나이기도 할 것입니다.

3. 제 손으로 지은 집

집이라는 것은 꿈속에서 세우는 것이 아닙니다. 필요하니까, 요컨대 우리는 비바람에 그다지 강하지 못하니까, 은신처를 마련하는 것입니다. 돈이 생겼으니까, 혹은 돈이 남아도니까 짓는 것이 아녜요. 돈이 없어도 세우는 것이고 또 사실 세워지는 것입니다. 지금의 일본 문명사회에는 정말 좋은 재료가 얼마든지 있습니다. 사람들은 그것을 버리기도 하고 태워버리기도 합니다. 그런 버릇이 청산되지 않고 있습니다. 돈이 있는 자들은 화학적으로 처리된 엉터리 대용품을 즐겨 사용합니다. 그런 재료로 갖가지 모양의 집을 수없이 세워봤자 헛수고예요. 마음의 안식처가 될 만한 집이 될 리 없습니다. 철근 콘크리트, 그것은 20년이 지나면 필연적으로 빚 콘크리트가 되는데, 모두 그런 건물을 세우고 싶어합니다. 그런 공간 안에서 살면 사람은 노이로제에 걸려요. 벌이지요.

집은 자기가 세우는 것이지만, 여러 가지 계획을 세우고 재료를 구입해서 일반적 상식에 따라 전문가의 지도를 받으며 세운다면, 차라리 처음부터 전문가에게 부탁해 모두 짓게 하는 것과 같을는지도 모릅니다. 주어진 재료를 염두에 두고 조심스럽게 자기가 필요로 하는 공간을 그리며 스스로 대화하는 것, 이것이 집을 세우는 일의 본래의 취지입니다.

그것만 해도 여러 가지를 배웁니다. 자기가 살려는 토지와 태양의 정확한 방위(方位), 계절별 일출과 일몰의 정확한 시간, 풍향(風向)과 기후의 관계, 그 토지에 내재하는 은혜와 어려움, 바람직한 환경 조성 등을 배울 수 있습니다. 그리고 그런 토지에서 사는 사람들의 성격까지도 알게 됩니다.

4. 제 손으로 만든 옷

얼마 전에 기차 안에서 앞에 앉아 있던 할머니 한 분이 나에게 말을 걸어왔습니다. 나에게라기보다 내가 입고 있는 것에 말을 걸었지요.

"어머나, 털실로 짠 거잖아! 반가워요."

할머니는 언제까지나 내 옷자락을 만지작거렸습니다.

"반가워요!"

내가 입은 건 수녀님이 손으로 짜서 만들어 준 것입니다. 내가 주문한 것은 아닙니다. 수녀님의 모성적 마음의 배려지요. 나는 본디 근세 서구의 옷은 입지 않습니다. 습기가 많고 여름에는 무척 더운 이 지방에서 그런 복장은 맞지 않을 뿐더러 전혀 우아해 보이지도 않습니다. 게다가 언제나 와이셔츠를 반듯하게 갖추어

입는다는 것은, 나처럼 바쁘고 가난하고 혼자 사는 몸으로서는 불가능한 일입니다. 이 지방의 "쓰쓰포"("筒っぽ": 홀태소매의 옷), 즉 소맷부리가 좁고 허리 아래 부분은 잘라버린 것 같은 덧옷은 속옷을 적당히 고치기만 해도 어떤 상황에서나 어울립니다. 아랫도리는 "몸뻬"(もんぺ)라는 것이 가장 좋습니다. 일을 하는 데도, 좌선을 하는 데도, 외출하는 데도 편리하고, 기능적으로 모든 경우에 적합합니다.

웃옷이나 바지나 너무 간편하기 때문에, 나 자신의 옷차림새에는 아예 개의치 않는 경우가 많습니다. 4년 전인가 어떤 국제회의 때문에 외국에 나가려고 옷가지를 찾아보니 어느 몸뻬도 기움조각을 대어 기운 것들뿐이었습니다. 할 수 없이 그것을 입고 갔더니, 높은 사람들로부터 빈정거리는 말을 들었습니다.

"일부러 기움조각을 댔습니까?"

이런 일이 있었던 무렵부터 수녀님은 내 복장에 좀더 신경을 쓰게 된 것 같습니다.

집을 짓는 데는 아버지 같은 마음이 발동하여 자란다면, 옷을 짜 만드는 일에서는 어머니 같은 마음이 발동하여 자라는 모양입니다.

5. 제 손으로 만든 맛

귀하신 분들이 이따금 찾아옵니다. 그런 경우 우리는 뭐 특별한 배려는 하지 않습니다. 집에는 어디에도 없는 단맛나는 배추나 그밖에 깊은 맛의 야채들이 있습니다. 우리와 함께 생활하며 도와 주는 마에타(前田) 군이라는 젊은이가 두말없이 예로부터

답습돼 온 방식대로 농사를 짓고 있습니다. 화학비료나 소독에는 전혀 눈을 돌리지 않습니다.

그는 하나의 깨달음을 가지고 있습니다. 80퍼센트의 성과로 만족할 작정을 하면, 아무것도 걱정할 필요가 없다는 것입니다. 언젠가 양배추밭이 심한 병충해를 입어 거의 결딴난 것으로 생각되었습니다. 그 젊은이도 단념하고 있었습니다. 그런데 밭을 정리할 요량으로 오랜만에 가보았더니, 웬걸, 모든 양배추가 새로 되살아나고 있는 것이 아니겠습니까!

그는 장삿속으로 농사를 하는 것이 아닙니다. 손익(損益)을 계산하지 않습니다. 겨우내 우리가 먹는 야채는 전부 그가 제공해 줍니다. "제 손으로 만든다"는 것이 무엇인지를 그는 알고 있는 것입니다.

그런 작품이 재료로 쓰일 때는, 절로 그 작품의 진가를 드러내야겠다는 마음씀이 요리를 하는 이에겐 나타나게 마련입니다. 그것이 손으로 만든 요리의 맛입니다. 요리를 하는 이의 마음에는, 그 소중한 재료를 만든 사람을 위해 그때그때 그 재료와 대화하는 태도가 절로 요구됩니다.

그런 요리를 먹는 사람은 절로 합장(合掌)합니다. 그것이 일본의 마음입니다.

6. 제 손으로 하는 일

일전에, 로봇 제작의 앞장을 서고 있는 어떤 책임자의 인터뷰를 보고 있었습니다. 그는 유럽에서 "당신의 기초적 철학은 무엇입니까?" 하는 질문을 자주 받았다고 하더군요. 그때마다 그는 이런 대답을 했다고 합디다.

"유럽에서는 언제나 먼저 무슨 철학이나 생각을 정리하고, 그 다음에, '이렇게 한다' 하는 구체적 요령이 나오지요. 그러나 우리는 그런 식으로는 생각지 않아요. 어쨌든 만들어 봅니다. 그것은 결국 사회에 잘 어울릴 것이다 하는 자신감 같은 것이 있는 까닭입니다.

유럽에서는 노동이란 어떤 목적을 위한 것이지요. 돈을 벌어서 뭔가 하고 싶다든가 무슨 소용에 닿게 한다든가, 이런저런 목적의 수단이지만, 우리 일본 사람은 일하는 것 자체에서 의미를 찾아내는 것입니다."

그 이야기를 들으면서, 일본 사람들의 로봇 제작 분야의 풍토 같은 것을 느꼈습니다. 로봇을 자기 손으로 만드는 흥미라고도 해야 할 것입니다. 더구나 그는 인간의 전체 능력에서 이런 방면만이 일방적으로 개발되고 말았다는 점도 인정하고 있었습니다.

다만 나는 그에게 한 마디 묻고 싶습니다.

"로봇을 제 손으로 만드는 일에서 인간 존재의 신비로운 깊이를 더욱더 실감하게 됩니까?"

무작정 일을 하면 좋다는 것은 아닙니다. 제 손으로 하는 일을 위해서는 "자기 자신의 먼 앞날을 내다보는 안목"을 지니지 않으면 안되는 것입니다.

7. 제 손으로 자급자족하는 조건

후기 그리스에서 손은 오히려 천시되었습니다. 오직 머리가 귀중한 것으로 생각되었습니다. 그런 생각은 로마 시대를 거쳐 오늘의 유럽 사회에까지 전해 내려왔고, 유대에서 시작된 하느님과 사람과의 손의 종교인 유대교나 그리스도교도 그 영향을 많이 받아서 손이 애매하게 되어버렸습니다.

"제 손으로 만들기"의 나라 일본에서는 예로부터 손이 존중되어 왔습니다. 말(言 = こと)은 일(事 = こと)이며 거기서는 언제나 관련자, 곧 손이 귀하게 여겨졌습니다.

이 일본에서 "제 손으로 만들기"의 전통은 일제히 사라지고 말았습니다. 그 최대의 이유를 지금 시험삼아 간단히 정리한다면, 그 하나는 서구 근세문명이라는 사이비 문명을 우상으로 예배하고 있는 것이라고 할 수 있습니다. 그 문명에서는 인간 중심의 견해가 절대시되고, 우주에 존재하는 모든 것, 그 하나하나가 초월적 존재이며, 저마다 둘도 없는 귀한 것으로서 서로 화응하여 어울리며 서로 연관되고 있다는 신비로운 현실에는 완전히 장님이 되고 말았습니다. 인공위성을 쏘아올려도, 원자핵의 실험을 해도, 그것이 우주에 아무런 영향도 끼치지 않는다고 생각하는 무감각 속에 있습니다. 그들에게는 만물이 죽은 거나 다름없고, 인간은 어떻게 행동해도 괜찮다고 생각합니다. 더구나 인간의 그런 제멋대로의 행동으로 말미암아 여러 가지 악영향이 미치어도 그렇게 된 것을 전혀 모르고 있는 것입니다.

또 한 가지는, 일본 사람 특유의 허영심 — 여느 사람만큼 되고 싶다, 여느 사람과 같은 정도면 된다는 무의미한 들뜬 마음입니다. 이것은 천황제도, 봉건제도 속에서 윗사람의 기색만 살피며 살도록 운명지어진 오랜 생활 태도에서 비롯된 자발성 상실의 숙세인업(宿世因業)일 것입니다. 도쿄 대학의 철학과가 창설된 무렵 독일에서 강사로 초빙된 케벨 씨는 묘하게도 이런 말을 했습니다.

"일본 사람의 행동의 동기 가운데 허영심에서 나오지 않은 것은 하나도 없다."

모든 일본 사람에게 부과된 큰 숙제인데, 이것을 어떻게 풀지 긴 세월을 두고 지켜보지 않으면 안됩니다. 얼핏 보면 과거의 가치와 어긋나는 것처럼 생각되더라도 새로운 지평(地平)으로 더듬어나가는 기연(起緣)이 될 시각도 있을 것이고, 또한 현대적 가치에 묻혀버린 "사무라이"적(武士的) 책임에 관한 응답 같은 윤리적 가치를 발굴할 필요도 있을는지 모릅니다. 예지적(叡智的) 통찰이 오늘날만큼 절실히 요구되는 시대도 없을 것입니다.

경작을 하는 데도, 음식을 먹는 데도, 옷을 입는 데도, 집을 마련해 사는 데도, 생각을 하는 데도, 일을 하는 데도, 쉬는 데도 남의 샅바로 씨름하듯 남의 것 이용해 자기 잇속만 차리거나, 혹은 모두 그렇게 하니까 나도 한다는 식으로, 제 손에 의한 자급자족과 동떨어진 생활을 그대로 계속할 수는 없는 노릇입니다. 그것은 참된 의미에서 사람답게 사는 것도 아니고, 또 사람답게 죽는 의미도 없기 때문입니다. 그런 식으로 살고 있는 자들은 모두, 저 생명을 걸고 자기들의 군상(群像)을 빚어낸 구더기들보다 훨씬 못한 것이 아닐까요.

하다못해 구더기를 모방하여, 다른 누구도 그려낼 수 없는 자기 인생의 "제 손으로 꾸려가기" 상(像)을 정성을 다해 새겨야 할 것입니다.

숲의 부름에 응하다

"바곳" 이야기

이 일대도 개발되어서 도쿄 사람들의 말을 빌리면, 대단한 시골일는지도 모르지만, 예전의 가슴 뿌듯해지던 정취는 없습니다. 옛날 그대로 일본의 진짜 자연의 고요함을 맛볼 수 있는 곳이 어디 없을까 하는 이야기가 나온 자리에서 기소(木曹)에서 태어난 사람이 "기소에는 아직 남아 있습니다" 하고는 우리를 그곳으로 데려다 주었습니다. 기소 후쿠시마(木曹福島)에서 두 시간 반 정도 들어간 고장이었습니다. 거의 옛날 그대로의 산골이고 늙은이 두 분만이 살고 있었습니다. 주위에 집은 있었지만, 방치된 상태여서 사람은 살고 있지 않았습니다. 거기에 벌써 몇 십 년째 약초를 캐기도 하고 버섯을 따기도 하면서 산림 속을 돌아다니는 사람이 있었습니다.

이런 사람의 이야기를 듣고 있으면 과연 산림에서 살고 있는 사람이구나 하는 느낌이 듭니다.

우리는 얼마 전에 "바곳"(성탄꽃과에 딸린 여러해살이 풀. 뿌리는 독이 있고, 한방에선 말린 덩이뿌리를 附子라 함)을 먹고 유명해졌습니다. 중독되었다 해서 보건소에서 온다, 경찰에서 온다 야단이 났고. 면회 사절인데도 NHK에서 문병온다 … 해서

덕택에 신문 등 매스컴에서 크게 다루어졌습니다. 일본 전국의 언론매체에 실렸던 모양입니다. NHK에선 일부러 "바곳"과 이와 비슷한 풀의 구별 방법인가 뭔가 그런 프로까지 마련했다더군요.

그러나 그 진상은 알려지지 않았습니다. 그저 생무지들이 "바곳"을 먹고 병에 걸렸다는 정도로 알려졌지요. 일의 진상은 이렇습니다.

매우 착한 사람이 있었습니다. 그가 말하는 것은 정말이라고 모두 생각했습니다. 그런데 그 사람은 이 고장 출신이 아니었습니다. 10년 가량 여기서 살고 있지만, 어린 시절을 보낸 곳은 다른 고장이었습니다. 그곳에서 어렸을 때 "이 풀은 맛있어. 먹을 수 있는 거야" 이런 말을 곧잘 했겠지요. 그런데 그런 종류의 풀들은 엇비슷하지요. 예컨대 미나리만 해도 독성 미나리와 보통 미나리를, 자라기 전에는 그렇지도 않지만, 대체로 우리는 분간할 수 없습니다. 여러 모로 아주 비슷합니다.

이와같이 그 사람은 바곳을 보고는, 어렸을 때 먹은 적이 있어요. 이건 먹을 수 있는 거예요 하고 어떤 수녀님에게 가르쳐 준 것입니다. 수녀님은 놀랐지요. "어머, 정말 이거 먹을 수 있어요?" 하고 반색을 했습니다. 이 고장에 온 지 얼마 안되는 그 수녀님은 그것을 뜯어 가지고 와서 주방으로 가서는 "이거 먹을 수 있는 거예요" 하고 내놓았습니다. 자기 딴은 역시 일단 식물도감을 펴놓고 살펴보았지요. 그녀의 눈으로 보아서는 그것이 별로 좋지 않다는 짐작이 가지 않았습니다.

주방 사람은 "묘한 것을 가져왔구나" 하고 생각하면서도, 이건 아무개가 먹을 수 있다고 했다는 한마디에 그만 믿어버린 겁니다. 그러면 먹을 수 있겠지 하고 말입니다. 하지만 조금 시험해 보자는 생각으로 조금 깨물어 보았습니다. 좀 이상한 것이지만 잘 데쳐서 먹게 하자고 생각했지요. 그래 데쳐서는 마카로니(이탈리아 국수)와 섞어서 식탁에 내놓았습니다.

그때 마침 이곳에서 한 달 이상 수행을 한 외국 사람이 있었는데, 하도 열심히 했기 때문에 나는 그에게 잠시 이 근처를 구경시키려고 그를 데리고 나가 드라이브를 했습니다. 돌아오니 오후 한 시가 지난 무렵이었습니다. 아무것도 먹을 것이 없으면 안되겠기에 도중에 빵을 사 가지고 왔지요. 집에 와 보니 밥도 남아 있고 그 데친 나물무침도 남아 있었습니다.

"이건 시금치일까" 하고 생각했지요. 나물무침을 만들면 뭔지 알 수 없지요. 쪄서 말린 가다랭이포를 씹으면서 "이 나물무침 맛있을 것 같은데" 하고 먹었습니다. 그런데 맛이 없었습니다. 조금 먹고는 그만두고, 도중에 사온 빵을 먹었습니다. 그러자 그 빵이 맵고 입안이 얼얼해요. "이 빵을 판 점포에 가야겠어요. 이따위 빵이 어디 있어요. 말도 안되는 화학제품이 들어 있어!" 하는 말이 나왔습니다.

논에 나가 그 이야기를 했더니, 우리집 다른 수녀님이 "아녜요, 신부님. 나물무침 때문이에요. 저도 그런 걸요" 하는 것입니다. 그래 "이상한 걸 먹은 것 같군" 하고 웃었습니다. 그러는 동안 손발이 자꾸 저려오는 겁니다. "아니, 이거 정말 독초 같은데" 하고 또 웃었습니다. 그런데 논에서 일을 계속하다가 "이건 안되겠다"고 생각했습니다. 그때까지도 농담으로 여기고 있었는데 어느덧 다리가 나른해지고 움직일 수 없게 된 것입니다.

수녀님이 "안되겠어요. 안되겠어요. 전 잠이 와요. 농담이 아녜요" 합니다. 잠을 자면 심신이 편안해질 수 있는 그런 판국이 아니었습니다. 호흡을 할 수 없게 된 것입니다. 가슴이 답답해 견딜 수 없는 거예요.

그건 진짜 독초였습니다. 우리와 아는 사이인 한방 의사에게 서둘러 전화를 하니까 "그건 큰일입니다. 곧 병원으로 가세요. 틀림없이 굉장한 독초입니다" 하는 것입니다. 그리고 주방에서 요리를 했던 사람한테 가니까 노크를 해도 대답이 없는 거예요. 방문을 열어 보니, 몸이 아주 좋지 않은 것 같았습니다. 입안이 화끈거리고 얼얼했다는 수녀님과 나는 그 2,3일 전까지 단식 수행을 하고 있었습니다. 나는 완전히 단식을 하면서도 논에서 써레질을 했습니다. 대단한 노동을 하면서도 철저한 단식을 했지요. 그래서 몹시 쇠약해진 상태였습니다. 그리고 그 수녀님도 단식을 해서 아주 쇠약해졌지요. 이 두 사람과 그 요리를 했던 사람이 앞에서 말한 증상을 일으킨 것입니다.

나머지 사람들은 아무렇지도 않았습니다. 그러나 그 나물무침을 가지고 가서 감정을 받았더니, 그것은 바곳(일본어로는 도리가부토 = "とりかぶと")이라 합디다. 그래서 나는 "아무렇지 않아도 모두 오시오" 하고 다들 불러서 검사를 받게 했습니다. 그러자 매스컴이 떠들기 시작한 것입니다.

모두 수술실로 들어가서 검진을 받았는데, 나는 심전도(心電圖)가 다른 사람보다 나빴습니다. 그래도 하루 지나니까 돌아올 수 있었고, 또 한 사람인 수녀님은 사흘간 있었지만, 돌아오니까 그전보다 더 건강해졌어요. "아, 다음엔 일부러 바곳을 먹어야

지. 그건 건강해지는 거예요" 하는 것입니다.

이 사건의 반응이 재미있었습니다. 여러 가지 편지가 오고 문병도 왔습니다. 그 중의 한 가지, 예컨대 "내가 거기에 있었으면 좋았을 터인데, 얘기를 듣고 놀라기도 했고, 기가 막히기도 했답니다 …" 하는 말이 있는가 하면, 어떤 사람은 "그런 풀은 알 만한 사람이 아니면 모르는 겁니다. 식물도감 같은 것 보아서는 알 수 없어요" 하기도 했습니다. 역시 그렇구나 하는 생각을 하면서 "정말 심려를 끼쳐서 죄송합니다" 하는 말만 되풀이했지요. 어쨌든 모두 동정하든가 공격하든가 그런 반응뿐이었습니다.

그런데 말입니다. 이런 반응은 모두 아마추어, 생무지의 반응이에요. 그 기소(木曹)의 산림에서 사는 사람은 전혀 다른 반응을 보였습니다. 그 사람은 "허, 부럽습니다. 정말 둘도 없는 귀한 체험을 했습니다. 그건 소중한 체험이에요" 하는 것입니다. 이게 진짜 전문가의 반응이에요. 정말 소중한 체험입니다. 부럽습니다 하고 뜻밖의 말을 하지요.

또 한 사람 전문가의 생각은 이러했습니다. "바곳은 굉장한 약입니다. 다만 처방이 어려울 뿐입니다. 어떤 상황에서, 어떤 사람에게, 얼마만큼 먹게 하느냐가 어렵지요. 하지만 틀림없이 굉장한 약입니다."

이 두 사람이 진짜 전문가예요. 나머지는 모두 아마추어의 반응입니다. 매스컴과 같은 반응이지요. 매스컴에서 움직이는 차원은 다 아마추어의 반응이라 하겠습니다.

그러니까 산림 속에 사는 사람은 그런 풀을 정말로 자기 감각으로 알아보는 사람입니다.

그 바곳 소동이 일어났을 때 여기에 있던 어떤 사람은, 아무렇지도 않으니 자기는 병원에 가지 않겠다고 했답니다. 그런데 그는 "바곳"을 사전에서 찾아본 모양입니다. 사전에 맹독(猛毒)이라고 씌어져 있으니까, "아이구 나도 병원에 가겠습니다" 하고 나섰답니다. 확실히 독이 있지요. 그런 것 먹어서는 안됩니다. 하지만 굉장한 약이기도 합니다. 또 한 사람의 수녀님은 그후 아주 건강해지셨습니다.

현대문명과 산림(山林)

숲의 지식이란 소위 학문적 지식이나 문명적 지식과는 전연 다른 세계이지만, 바로 그것이 존재 본연의 지식입니다. 요컨대 존재감각이 본래의 바탕 그대로 맑은 것입니다.

진짜 숲은 아무래도 문명과는 양립할 수 없는 것 같습니다. 그래서 도시 사람들에게는 진짜 숲이 두려울 것입니다.

국민학생들이 이곳에 캠핑을 오면, 산림 속에 좋은 야영장이 있으니 가보라고 일러주면서 들여보냅니다. 그러면 리더인 어른들이 떼지어 돌아옵니다. "모두 무서워서 싫다고 하니 안되겠어요" 하는 것입니다. 그리고 도로 옆에 천막을 칩니다. 무엇 때문에 캠핑을 하러 왔는지 알 수 없습니다.

어린 시절부터 도시생활을 하고 있으면 숲이 무섭습니다. 전연 다른 세계이니까요. 하지만 그런 사람이 본래의 실성(實性)을 회복할 수 있는 장소도 산림의 숲밖에 없습니다. 숲이라는 것과 인간의 정신성은 매우 밀접한 관계가 있다고 생각합니다.

이곳에는 여러 부류의 사람들이 수행(修行)을 하러 옵니다. 예컨대 접심(接心) 수행으로 더욱 깊은 고독에 잠기고 싶어하는 사람들이 있는데, 이런 사람에게는 산으로, 나무숲으로 가라고 일러줍니다. 대체로 한 주간도 견디지 못합니다. 숲이란 그런 것입니다.

언젠가 한 아메리카 여인이 산의 숲에 가고 싶다기에 잘 다녀오시라고 전송했습니다. 이튿날 이웃 역(驛)에 갔더니 그 여인이 먹을 것을 사러 나온 거예요.

언젠가는 "가라테"(당수) 수행을 하는 사람이 왔습니다. 그 남자는 아주 무서운 수행을 하더군요. 그가 "이젠 숲에 가고 싶습니다. 쌀을 조금 주세요" 합디다. 겨울이었지요. "몹시 추운 거 알고 있어요?" 하고 물으니까, "예, 알고 있습니다"라고 대답해요. 홀랑 벗은 알몸이 되어 "언제나 이렇습니다. 아랫도리는 입지 않지요. 훈련을 쌓았으니까 괜찮습니다" 하는 겁니다.

그가 숲으로 간 뒤에, 모두 그를 두고 며칠이나 계속될까 점치며 환담했습니다. 기껏해야 사흘이겠지 하는 말이 나왔는데, 사실 이곳 겨울은 그렇게 만만하게 볼 것이 아니었으니까요. 참으로 고독 속에 잠기고 싶다든가, 참으로 고요함 가운데 명상하고 싶다든가 하는 참된 동기가 없으면 산의 숲속에 오래 머물러 있을 수 없습니다. 단지 가보고 싶다든가, 고요함을 찾고 싶다든가, 그런 단순한 동경심만으로는 도저히 견디어 내지 못합니다.

그런데 우리 집의 수녀님들은 약간의 빵을 가지고 산에 들어가 숲속에서 두 주간 정도 지내다 옵니다. 그러고도 더 있고 싶었다고 합니다. 물과 이 빵만으로 지내며 거의 단식을 하고서도 말입

숲의 부름에 응하다

니다. 역시 참된 동기가 있기 때문입니다. 정말 기도하고 싶다, 하느님과 함께하고 싶다는 동기지요. 숲이란 인간의 깊은 참된 동기와 상통하는 장소 같습니다. 진짜 숲은 소위 도시 교외의 숲과는 다른 곳입니다. 그리고 현대의 병을 고치는 것은 결국 숲밖에 없다고 생각합니다.

뿌리로, 원점으로 돌아가 자기가 무엇인지, 어떤 존재인지를 살필 수 있는 장소는 산의 숲뿐인 것 같습니다. 예로부터 숲의 성자(聖者)란 말을 해오는데, 모두 그런 동기로 숲에 들어간 이들을 두고 하는 말이지요.

현대의 이 어지러운 세계에 올바른 방향성을 주는 것은 역시 숲일 것입니다. "숲"에 들어가기 위해서는 우선 산의 숲을 찾지 않으면 안됩니다. 일본의 이런 풍토라면 더욱 찾아야 할 자리는 숲입니다. 수행이란 산의 숲속 폭포를 맞는 것과 같을 것입니다. 나에게 숲이란 그런 것입니다.

이곳 역시 아무래도 숲의 맛이 사라지고 말았으니 진짜 숲을 다시 찾고 싶다고 생각합니다만 …

멀리 내다보는 눈과
"기"(氣)의 이야기

한 송이 크로커스를 보고

이 크로커스, 재미있어요. 따 가지고 왔더니 오므라들었습니다. 이 크로커스를 보고 여러분은 지금 무엇을 느끼고 있습니까? 나는 지금 이것을 보고 무엇을 생각하고 있을까요? 이런 얘기에서 대화가 시작될 수 있습니다. 그렇지 않고 머리로 뭔가를 생각하고 잡담을 해보았자 별로 이렇다 할 유익이 없을 것입니다. 한 달도 되기 전에 잊혀집니다. 어디론가 사라져 버리는 것입니다.

  이 크로커스는 나에게 여러 가지 일을 생각나게 합니다. 이것을 심어주고 간 사람도 생각나고, 또 이것을 바라보며 이런저런 말을 하던 사람도 생각납니다. 어제는 운송업을 하는 여인이 왔습니다. 요즈음은 여성들도 꽤나 늠름해요. 이런 짐들, 후딱후딱 날라버리니까요. 그 여인이 이 크로커스를 보고, 이거 진짜 꽃이에요? 하는 것입니다. 너무나 곱기 때문에, 이런 색깔이 정말 나올 수 있습니까, 이거 조화를 심어놓은 거 아닙니까 하고 물었습니다. 사실 이런 노란 색은 도쿄의 크로커스에는 생길 수 없는 색깔입니다. 그래서 그런 의문을 가지는 것도 당연합니다. 이 색깔이라는 것도 "기"(氣)와 관계가 있다고 생각합니다.

인도의 자이나교에서는 자동차나 기차 같은 탈 것을 전혀 이용하지 않습니다. 그리고 길을 걸을 때는 개미도 밟아서는 안됩니다. 빗자루를 들고 앞을 쓸어가면서 걷습니다. 이 종교는 간디의 비폭력 사상을 밑바탕에 깔고 있습니다. 그 우두머리가 세계 평화를 호소하기 위해 세계 여행을 하기로 했습니다. 그러나 배도 탈 수 없고 비행기도 탈 수 없습니다. 이건 절대적인 법도입니다. 하지만 그는 대국적인 견지에서 장도(壯途)에 올랐습니다. 세계 평화를 호소한다고 많은 사람들을 거느리고 일본에도 온 것입니다. 그리고 나한테 꼭 들르고 싶다는 연락을 받았기 때문에, 당연히 비행장에 마중하러 나갔습니다. 그랬더니 대단해요. 그가 온다니까 굉장한 환영이에요. 신사복 차림의 사람들이 구름처럼 모여든 가운데 나는 평상시의 복장으로 나갔으니까, 모두 대체 너는 누구냐 하는 눈으로 보는 것입니다.

그러자 자이나교의 우두머리가 열심히 나에게 눈짓을 합니다. 역시 속이 트인 거예요. 뭔가 재미있을 것 같다는 눈치입니다. 그래서 나는 말했습니다. "오늘 여러분은 나한테로 가기로 되어 있습니다" 하고 말입니다. 그리해서 일행을 모두 이곳으로 데려온 것입니다.

모두 인도 사람들이지요. 이곳에 맨발로 저벅저벅 들어왔어요. 우리는 후지미(富士見)의 이불 임대업체에 부탁해서 정말 새로 만들어 낸 이불들을 가져다 놓았지만, 전부 곤죽이 되고 말았습니다.

그 자이나교의 우두머리가 이 다카오리(高森)에 와서 꽃을 보며 제일 먼저 한 말은 "여긴 굉장히 '기'(氣)가 강한 곳이군요.

이런 장소는 좀처럼 없습니다. 굉장한 기가 있는 곳입니다"였어요. 놀라워하며 그렇게 말했어요. 역시 알아보는 거예요. 언제나 "기"라는 것에 주의하고 있는 것입니다. 이 꽃은 여기가 아니면 나올 수 없는 색깔입니다. 바로 이런 자태입니다.

"크로커스란 이름은 듣기 싫군. 아무래도 유키와리소(雪割草)지" 하고 어떤 남자가 말했습니다. "유키와리소"(한국에서는 "노루귀" — 미나리아재비과에 딸린 여러해살이 풀)는 다른 꽃인데도 "이것이 유키와리소"라는 것입니다. 하긴 이것은 정말 눈을 헤치고 나옵니다. 그런 의미에서는 해마다 유키와리소(눈을 헤치고 나온 화초)인 셈입니다. 하지만 금년은 유키와리소가 아니었어요. 눈이 녹아 없어진 것입니다.

나는 이 꽃을 볼 때면 예컨대 그 남자나 자이나교 우두머리의 일이 생각나곤 합니다. 그건 우리의 의식 속에서의 일입니다. 하지만 만약 그런 일뿐이라면 특별히 이런 "유키와리소"의 이야기를 하지 않아도 됩니다. 그런데 만약 이 꽃을 보고 있는 나의 이 눈길이, 내 존재의 가장 깊은 밑바탕과, 또 그 밑바탕을 뚫은 곳의 신비와도 불가분(不可分)의 것으로 꽃을 바라보고 있다면, 이건 어떤 사건이라고 생각합니다. 그 사건에서 내가 뭔가 말했을 때, 그것을 "고토고토바"(コトことば: 實在의 말)라고 합니다.

실상 이 꽃 크로커스는 작년의 크로커스가 아닙니다. 금년의 크로커스요. 우리 사는 곳 저 북서쪽 경사면에 나 있는 크로커스입니다. 이건 어떤 크로커스를 가져다 비교해도 다른 것입니다. 이 꽃만이 가지고 있는 "말"에 나 자신만의 "말"이 한울림으로 화답하는 것입니다. 오직 이 꽃과 당신만의 만남과 이야기나눔,

이것이 존재 상호간의 한울림입니다. 이런 것이 "고토고토바"(일의 말)의 세계입니다.

국민학교 학생에게 "이 꽃을 보렴!" 하면 "아직 배우지 않았어요"라고 대답합니다. 그래서 이런 모양에 이런 특징이 있다는 둥 설명을 하고 그후 "이 꽃을 보아요" 하면 "응, 알고 있어요" 하고는 더 이상 보지 않습니다. 이런 슬픈 인생이 어디 있겠습니까. 그런데 교육을 받으면 모두 이런 슬픈 인생이 되어버립니다. 공허할 터인데도 그 공허함을 어떻게든 얼버무리는 것입니다.

교육자들이 생각하는 말을 나는 이념의 말이라고 부르지만, 이 이념의 말에는 의식의 깊이밖에 없습니다. 아무리 해도 의식을 초월한 세계가 표면에 드러나지 않습니다. 하지만 "실재의 말"에는 무한한 넓이와 동시에 무한한 깊이가 있습니다. 이 크로커스의 "기"(氣)가 그렇습니다.

"기"(氣)와 호흡

일본어는 대단한 거예요. 인간의 정신 상태, 마음의 상태를 모두 "기"라는 말로 표현하고 있습니다. 기분(일본어: 氣持 = 기모치)이 좋다는 것은 호흡 상태가 좋다는 말입니다. 기분이 좋을 때는 색색 숨결이 고르지요. 흔히 "기분좋게 자고 있네요"라는 말을 하지요. 언제나 이런 호흡을 하고 있는 사람은 대단한 사람입니다. 보통 사람은 대개 그렇지 못합니다. 대부분 호흡이 쉽사리 어지럽게 됩니다.

그렇게 되지 않도록 언제나 기분좋은 호흡을 하고 있는 사람은 마음씨(일본어: 氣立て = 기다테)가 좋습니다. 마음씨 좋은 아가씨를 며느리로 맞으면 좋겠지요. 미인이 아니라도 좋아요. 마음씨 좋은 사람은 호흡 구조가 좋습니다. 요컨대 정신 구조가 좋은 것입니다. 균형이 잡혀 있답니다. "기"(氣)라는 말이 붙어 있는 단어는 대개 그런 의미를 가지고 있습니다. "아 졸음이 오는데. 낮잠을 자고 싶지만 이야기는 해야겠지. 아 난처한데" 이런 말을 할 때는 침울해진다(일본어: 氣が滅入る = 기가메이루)고 합니다. 그런데 그 순간 "이야기가 끝나면 굉장히 맛있는 게 나와요" 하면 아 그래요 하고 기운이 난답니다(일본어: 元氣づく = 겐키즈쿠). 이와같이 모두 "기"(氣)란 말이 붙습니다. 이 말로 말미암아 마음의 상태가 나타나는 것입니다.

내가 지금 무엇을 느끼고 있는지 아시겠습니까? 여러분의 눈이 어떤 유의 눈일까 생각하고 있습니다. 언짢게 여기지 마십시오. 여러분의 호흡이 어떤 상태인지, 나는 의식하지 않고도 느껴지게 되니 어쩔 수 없습니다. 때때로 유명한 인사들과 만납니다만, 이곳에도 이름난 스님이나 저명한 신학자가 찾아옵니다. 그러나 만나보면 대수롭지 않다고 생각합니다. 호흡이 고르지 못하여 시근거리면 이야기도 하기 전에 이 사람 엉터리라는 것을 알아챕니다. 그러면 그 사람과 이야기할 시간을 미리 정해 버립니다.

평소 기분좋은 호흡을 하는 사람도 어쩌다 마음이 좀 어지러워지고(일본어: 氣が亂れる), 정신이 이상해집니다(일본어: 氣が變になる). 그런데 언제나 정신이 이상한 사람이 있습니다. 미친 사람(일본어: 氣違い = 기치가이)이지요. "기치가이", 곧 보통

상태와 기(氣)가 틀린다는 말입니다. 일본어는 참 멋있어요. 모두 "고토고토바"(ㄱㅏㄷㄹㅌㅂㅏ: 실재의 말)의 울림을 전해줍니다. 기가 병들면 "뵤키"(病氣)지요. 우리집의 수녀님 한 분은 언제나 허리가 아파 정말 병("뵤키")이지만 본인은 그런 말을 하지 않습니다. 그리고 언제나 생글생글 웃고 있습니다. "뵤키"라고 할 수 없습니다. 기(氣)가 병들어 있는 상태는 아니니까요.

"기미"(氣味)가 좋지 않다고 하지요. 기의 맛이 좋지 않은 것입니다. "기조부"(氣丈夫), 정신이 확고하다는 말입니다. 재미있지요. 정법안장(正法眼藏)의 가장 중요한 대목도 결국 기의 이야기입니다.

인간의 깊은 내면에 울리는 기(氣)

나는 독일에 갔을 때, 오랜 세월 편지 왕래를 해온 한 부인과, 레겐스부르크란 곳에서 만났습니다. 긴 세월 깊은 교분을 맺어 왔기 때문에 잠시 인사를 드리고자 한 것입니다. 그분이 역에 서 있는 것을 곧 알아볼 수 있었습니다. 일부러 만나러 왔다는 느낌이 아니었습니다. 이 부인이 나에게 맨 먼저 고백한 이야기는 이러합니다.

"저는 지금 몹시 괴로워하고 있습니다. 독일에서는 감옥의 죄수들에게 휴가를 주는 관례가 있습니다. 대부분의 죄수는 돌아갈 집이나 친척이나 친구들이 있습니다. 그런데 중죄범들 중에는 어디에도 갈 곳이 없는 사람들이 있습니다. 그런 사람을 저의 집에서 받아주기로 했지요. 그런 사람들을 맞아들일 때에, 그 가장 중요한 순간에, 맨 처음 떠오른 생각이, 괜찮을까 하는 생각이었어요"라고 하는 것입니다.

그리고 "가장 중요한 순간, 모든 것을 잊고 무엇보다 먼저 사랑하는 마음을 가져야 할 때 저는 의심했습니다. 지금도 그 괴로움이 가시지 않고 있습니다" 하고 말했습니다. 최초의 마음의 움직임이 사랑이 아니었다는 뉘우침, 이것은 기(氣)의 문제입니다.

이것은 인간의 의식에서 나오는 "기"가 아닙니다. 좀더 깊은 데서 나오는 "기"지요. 이것이 바로 종교의 본질입니다. 이 "기"는 도겐 선사(道元禪師)가 말하는 발심(發心)의 기입니다. "참된 발심을 하고 앉으면 이미 성불(成佛)한 것이다"라고 하였듯이, 그것은 깊은 내면에서 우리를 권하고 격려하는 "기"입니다. 이것은 흔히 말하는 인간의 표면 구조에서 오는 것은 아닙니다.

의식을 떠나 자유로운 세계로 들어가다

인간은 여러 겹의 구조층을 가지고 있습니다(25쪽 도표 참조). 표면층에서는 예컨대 감각력이든가 상상력이 드러납니다. 이 표면층의 세계에도 말이 있습니다. 앵무새의 말이라고 하지요. 우물가 여자들의 쑥덕공론도 부부싸움도 앵무새 같은 말로 벌어지게 됩니다. 그러나 그 말에는 의미가 없습니다.

바깥양반이 술을 많이 드시고 귀가했다고 합시다. "또 마시고 왔어요!" 하고 쏘아붙이는 말, 이건 앵무새의 말입니다. 이런 경우, 왜 바깥양반이 술을 마셨을까, 그 이유를 헤아려 볼 정도가 되지 않으면 안됩니다. 또 회사에서 뭔가 마음 상한 일이 있었구나, 역시 뭔가 쓸쓸했겠지 하고 말입니다.

그런 때는, "당신 술 모자라지 않아요? 한잔 더 드시는 게 어때요?" 하고 자연스럽게 대해 보세요. 그러면 바깥양반, 마음이 꽉 차서 말문이 막힐 겁니다. 다시는 과음을 하고 귀가하지 않을 거예요. "또 마시고 왔어요?" 하니까, 또 마시고 오는 것입니다. 그것은 앵무새의 말이 오가는 세계입니다.

그리고 인간에게는 이런 의식(意識)이라는 게 있습니다. 의식이란 고마운 것입니다. 하지만 인간의 소업(所業)이라는 것은 이 의식에 집착하도록 되어 있습니다. 이건 인간의 젠 체하는 오만입니다.

어제도 그저께도 꼬마녀석들로부터 전화가 왔습니다. 하나는 교통사고를 당한 애이고, 또 하나는 아버지가 없는 애입니다. 이들이 "신부님, 왜 예수님은 죽임을 당했지요?" 하고 물어 온 겁니다. 이 문제는 어렵지요. 인간은 의식에 집착합니다. 그래서 그리스도는 죽지 않을 수 없었던 것입니다. 인간에게 있는 것이 만약 의식뿐이라면, 무엇보다 사랑하는 마음이 동(動)할 수는 없습니다. 언제나 의식의 세계에서만 반응하고 있으니까요.

의식의 눈, 현상만을 보는 눈은 반드시 판가름(심판)을 합니다. 자신의 입장에서만 봅니다. 그러니까 마음의 첫 움직임에 사랑 같은 거 있을 리 만무합니다. 기껏해야 냉정하게, 의식의 세계에 자기를 통합시켜, "당신, 너무 마시지 않는 것이 좋겠어요" 하지요. 역시 그것도 "무슨 잔소리야, 알지도 못하면서, 이 바보" 하는 소리나 듣게 됩니다. 의식만으로는 해결되지 않는 것이 있습니다. 그러면 어떻게 할 것인가. 이 의식을 떠나서 더욱 자유로운 세계로 들어가는 것입니다.

정직하게 열심히 노력하고 있는데도 모든 게 산산조각이 나는 경우도 있습니다. 그럴 때 퍼뜩 깨닫게 됩니다. "내가 살고 있는 것이 아니라, 뭔가가 나를 살게 해주고 있다" 하고 말입니다. 그런 경지에 이르렀을 때에, 뭔가 저쪽에서 불어오는 것, 바로 피안(彼岸)에서 오는 "기"(氣)를 입게 됩니다.

예를 들면, 어떤 부부 사이에 오랜 세월 아이가 없어서 난감해하고 있었습니다. 그런데 겨우 태어난 아기는 소아마비였습니다. 그러니 매일 한탄할 수밖에 없지요. "어쩌다 이런 신세가 되었는가" 하고 말입니다.

그러다가 어느 날 갑자기 태도를 바꾸어 강하게 나옵니다. "괜찮은 거 아냐", "이만하면 완전하지 않아" 하고 말입니다. 그러면서 태도를 바꾸었을 때에 이런 "기"(氣)가 불어옵니다. 자기가 낮은 데로 떨어지는 것입니다. 여간해서 태도를 바꾸지 않는 사람이란, 아직 절망은 하지 않고 있기 때문입니다. 막다른 데까지 가면 그런 변화의 순간이 옵니다. 거기에 "기"가 있습니다.

이 "기"는 의식의 세계에서 부는 기나 욕망의 기와는 다른 것이고, 그보다 훨씬 상쾌하고 시원한 것입니다. 밑이 빠질 정도로 철저합니다. 예를 들자면, 지유샤(地湧社: 이 책의 원서를 펴낸 출판사)는 좋은 책을 내면 된다. 지유샤가 망해도 좋은 책을 남기면 된다 하는 식으로 나가는 것입니다.

이런 "기"가 불었을 때에 비로소 멀리 내다보는 시각이 현실화됩니다. 반대로 멀리 내다보는 시각이란, 이런 "기"를 이끌어내기 위한 하나의 바람직한 태도입니다.

그래서 피안의 세계와 인간은 언제나 대화를 할 수 있는 것입니다. 언제나 멀리 내다보는 시각을 가지고 살아보세요. 여간해서 할 수 없겠지만, 그런 생활을 할 수 있게 되면, 피안에서 오는 "기"가 분답니다.

"기"(氣)를 입기 위한 행보(行步)

멀리 내다보는 눈과 "기"는 분리할래야 분리할 수 없으며, "오른발 왼발"의 관계입니다. 이 눈, 이 "기"를 입기 위한 행보가 중요합니다. 꽃꽂이건 뭐건 모든 일이 그렇습니다. 그래서 유치원 때부터 이걸 가르칩니다.

아무것도 모르는 수녀님이 좌선(坐禪) 사이사이에 졸음을 막기 위해서 하는 경행(經行)이라는 것을 유치원에서 가르쳤습니다. 누구에게 배웠는지는 모르지만 한 가지 훈련으로서 어린이들로 하여금 다타미(일본식 돗자리)의 가장자리를 걷게 한 것입니다. 천천히 호흡하면서 조용히 걷지요. 아이들이 모두 하고 싶어했어요. "이번엔 내 차례다" 하면서 말입니다. 그 아이들이 집에 돌아갔습니다. 돌아가니 어머니가 "너, 방을 좀 말끔하게 치우거라!" 하고 마구 화풀이를 했습니다. 그러자 아이가 "엄마도 다타미의 가장자리를 걸으면 좋을 거야" 했습니다. 이게 "오른발 왼발"의 행도(行道)입니다.

현대의 시류 속에서 이런 풍경을 어떻게 볼 것인가, 이런 호흡 속에 무엇을 곁들일 것인가. 이전에 내가 엮어낸 책 『멀리 내다

보는 눈』의 가장 중요한 대목은 그 점입니다. 그것은 현대에, 인류의 기차가 벼랑 끝으로 내달리지 않도록 하는 키포인트는 무엇이냐 하는 문제입니다.

어둠의 신비

독선의 어둠

— 인간은 어둠 속에 들어갔을 때 공포를 느끼지만, 그런 빛이 없는 데서 오히려 독특한 뭔가를 느끼는 수도 있지 않습니까? 이것은 존재의 신비와 어떤 깊은 연관이 있지 않을까요?

어둠과 빛은 인류의 전승(傳承)들 가운데서도 가장 중심적인 것, 곧 핵심적인 과제라 할 것입니다.

이것은 단지 인간의 종교적 탐구에 나타나는 일로서만이 아니라 일상적 체험으로서도 그렇습니다. 옛날에 어둠 속의 별은 배를 타고 항해하는 사람, 혹은 사막을 여행하는 사람에게 나침반 구실도 했고, 시간을 알리는 구실, 시계의 구실도 했습니다. 그리고 계절의 바뀜을 알리는 구실도 했습니다. 또한 하늘과 땅의 여러 가지 이변이라든가 무슨 조짐을 미리 알리는 구실, 이를테면 어떤 예감의 창 같은 것이기도 했습니다. 그뿐이 아니지요. 역사의 예언들이 서로 반향(反響)하는 자리이기도 했을 것입니다. 요컨대 현대인이 어둠과 빛으로 생각하는 것과는 다른 무엇이, 다시 말해서 어둠 속에도 빛 속에도 존재의 신비감으로서 파악되는 무엇이 있었을 것이라고 생각합니다. 도쿄 같은 데서는 이미 그런 감각이 점점 사라지고 있다고 생각합니다만, 방글라데시처럼 지평선까지 논이나 밭이 끝없이 이어져 있는 상황에서는 그런 어둠과 빛의 신비를 날마다 느끼지 않을 수 없습니다.

그냥 이것이 어둠이요 이것이 빛이라고 구별하는, 근대적인 이념에 의한 설명의 세계에서는 어둠이 있으니까 빛이 없고 빛이 있으니까 어둠이 없다고 합니다. 그런데 우리가 보기엔, 예컨대 빛이 있다는 곳에서 실은 어둠이 더욱 깊어지는 경우가 있습니다. 참된 의미에서 인간을 위한 빛이 나타나지 않는 것입니다.

결국 어둠과 빛 속에는 역설적인 신비가 있는 겁니다. 거기서 인간의 지혜라는 것, 사람이 단지 인간의 입장에서만 본 지혜라는 것을 무명(無明)이라 하여 밝음이 전혀 없는 것으로 파악하는 불교의 입장이 나오는 것입니다. 불교만이 아닙니다. 무릇 종교의 입장이란, 사람이 인간으로서 "이건 이렇다" 하고 독선적으로 확정하는 것은 전적으로 어둠이요 무명이라고 보는 것입니다.

이것은 무슨 말인지, 예를 들어봅시다. 학문적인 탐구에서, 뭔가 아직 모르고 있는 것을 어둠이라고 한다면, 그것을 점점 깊이 연구해 갈 때 뭔가 보이게 되는데, 말하자면 빛이 보인다고 할 수 있겠습니다. 어둠과 빛은 이런 관계에 있다 하겠습니다. 그러나 이렇게 인간이 "안다"는 영역에만 머물러 있다면, 이번엔 인간사(人間事)의 세계에만 매이게 되어, 더욱 깊은 곳에 있는 빛이 보이지 않게 되는 것입니다.

이것은 그리스도교적으로 표현하면 요한 복음사가가 말한 대로 "(하느님의) 빛이 어둠[無明] 속에 비치고 있지만 어둠은 그 빛을 받아들이지 않았다"(1,1)는 것입니다. 그리스도의 수난이란 결국 그런 것입니다. 그리스도는 하느님의 빛[光明] 자체였지만, 단순히 자명한 이야기를 하자면, 인간의 무명과는 서로 용납할 수 없는 빛이기 때문에 거부된 것입니다. 그러니까 전적으로 자신의 빛을 따라 무명에 대해 죽은 이만이 그 어둠 속에서 하느님의 빛을 받았다는 것, 이것이 십자가의 신비라 하겠습니다.

이것은 십자가뿐 아니라 불교에서도 마찬가지입니다. 역시 무명에 대해 죽고 거기서 벗어났을 때만 반야(般若)의 빛을 받는다 하겠습니다. 그러니까 어둠의 문제를 다룰 때에는, 더욱 심오한 이 반야의 빛, 혹은 하느님의 지혜의 빛이 비추는 세계까지 구명(究明)하지 않으면 문제를 철저히 헤아려 살필 수 없게 됩니다.

종교 서적들 안에는 "어둠 속으로 간다"는 표현이 여기저기 나옵니다. 성서에서는 예컨대, 유대인 신비전승 가운데 있는 것이지만, 시편 곧 시의 형식으로 드리는 기도 속에도 "내가 비록 아주 캄캄한 골짜기를 지날지라도, 주님 나와 함께 계시오니 무서울 것 없어라"(시편 23, 4) 하는 표현이 있습니다. 그리고 십자가의 성 요한이라는, 근세(近世) 가르멜 수도회의 신비가도 역시 어둠(암야)의 중요성에 관해 이야기하고 있습니다. 그것은 현세의 무명세계, 교만함의 세계에서 벗어난 해탈의 경지를 말합니다. 이것은 진짜 어둠에의 부름입니다.

그것은 자신의 자아가 정말 죽기 위해 부름을 받는 어둠입니다. 거기서는 위로 같은 것은 없습니다. 영적 위로도 신앙의 자각도 없어집니다. 이것은 참된 의미에서의 모든 신비가들이 거쳐야 하는 어둠입니다. 하느님의 생명을 받아 살기 위해서는 이 어둠의 터널을 통과하지 않으면 안됩니다.

이 어둠의 터널은 한 사람 한 사람 각자에게 주어집니다. 예컨대 현세생활에서 겪는 갖가지 사건, 폭력이든 교통사고든 병환이든 신체장애든 모두 이런 어둠으로 부르는 계기가 됩니다. 그런 어둠의 신비에 접근할 수 있는 실마리는 어디에나 널려 있습니다. 그리고 그런 어둠의 통과 외에는 참된 수행(修行)의 길이 없습니다. 정말 참마음으로 그 어둠의 시련과 맞붙어 씨름하느냐 아니냐에 따라, 무명(無明)의 암흑 속에 떨어지느냐, 아니면 거기서 자아가 죽고 참된 빛의 세계가 전개되느냐가 결정됩니다.

십자가와 부활은 단지 그리스도 한 분의 사건만은 아닙니다. 자기에게 주어진 십자가는 이제 어쩔 수 없이 받아들일 수밖에 없다는 진짜 어둠 속에서 바로 전환(轉換)이 이루어집니다. 그러니까 그리스도께서 빵을 들고, 이것은 내 살이며 여러분의 먹거리이니 받아 먹으시오. 나를 받아 먹으시오 하신 그 의미의 중심에는 이 어둠에의 부름이 있습니다. 이것은 불교에서 말하는 신심탈락(身心脫落), 혹은 탈락심신보다 더욱 일상적인 것입니다.

그러니까 좌선(坐禪)이라는 것을 하더라도, 단지 의식에 반향되는 세계에서 어떤 신비체험을 했다든가 깨달았다든가 하는 경우는 아직 진짜 어둠에는 이르지 못한 것입니다. 참된 반야(般若)의 빛이란 그런 데는 없습니다. 그 어둠의 신비를 모르고서 열심히 자기가 공상한 탈락을 생각하고 있을 뿐이니, 이것은 참된 빛의 세계와 비교하면 무명의 어두운 세계에 지나지 않습니다. 이 어둠의 세계는 축복이 없는 어둠의 세계입니다. 아직 진짜 빛의 세계를 모르고 있는 것입니다. 그것은 어떤 점에서 분별되는가 하면 그 사람의 태도가 겸손한가 아닌가를 주의해 살펴야 합니다. 참된 빛의 세계로 열려 있는 축복받은 어둠에 몰입할수록 그 사람은 겸손해지게 마련입니다.
그런데 현대는 어디에 가나 빛이 넘치는 세계입니다. 그래 빛을 찾을수록 어둠이 짙어집니다. 바로 무명(無明)의 세계입니다. 모든 것이 인간중심입니다. 그러니까 신비가 사라지는 것입니다. 그리고 존재도 희미해집니다.
도쿄의 긴자(銀座)에 가서 밤새도록 밝은 하늘을 쳐다보고 있으면 정말 모든 존재가 희미해집니다. 그래서 다카모리에 돌아오면 칠흑같은 어둠의 아름다움이라 할까, 요즘 고속도로가 나서 그 암흑이 사라져가긴 하지만, 아주 캄캄한 밤의 어둠, 그 어둠의 축복을 정말 실감합니다. 그것은 우리의 존재가 아직 어둠에 관한 신비감을 가지고 있다는 증거입니다.

축복받은 어둠으로

— 의식의 어떤 작용도 돌아오지 않는 어둠을 오히려 축복의 어둠이라 한다는 말씀이지요.

그렇습니다. 의식의 작용이 중심에 느껴지는 동안은 안됩니다. 그건 축복의 어둠이 아닙니다.
인간의 무명(無明)의 어둠이란 그 가장 깊은 뿌리를 사람의 인간적인 오만, 그 교만함에 두고 있습니다. 거기서 갖가지 어둠, 곧 무명의 어둠이 비롯되는 것입니다. 하지만 그것이 다르게 전환되었을 때 비로소 축복의 세계로 들어가게 됩니다. 그러니까 세상에서 어둠이라 하는 것은 인간이 생각하는 빛에 반대되는 어둠입니다. 그래서 빛을 찾을수록 어둠이 짙어져 강해집니다. 이것이 현대문명입니다. 그런데 그것과는 전연 다른 어둠과 빛, 전연 다른 세계가 있는 것입니다.

그러면 그 축복받은 세계로의 전환이 일상의 세계에서는 어떤 모양으로 나타날까요. 예를 들면, 부부싸움을 한다고 합시다. 남편과 아내는 싸우고 서로 상처를 입히고 또 상처를 입었다고 생각합니다. 서로 자기 주장을 합니다. 모두 자기 입장에서 본 남편이요, 또 자기 입장에서 본 아내입니다. 그래서 자기 주장을 하면 할수록 마음의 상처가 커집니다. 요컨대 그건 무명의 세계입니다.

또 다른 예, 부모 자식간의 경우, 대체로 부모 쪽에 책임이 있습니다. 아이들이 태어나면 우선 젖을 받아먹으려고 기대하는 것은 당연하고, 또 그들은 재워주고 안아주기를 바랍니다. 그런데 아이들이 기대한 것을 주지 않는 부모가 있다면, 아이들은 결국 수난자가 됩니다. 그러니까 그런 경우는 부부싸움의 경우와 조금 달라서 책임은 부모 쪽에 있고, 아이 쪽이 화를 낼 만하다 하겠습니다. 그렇지만 그런 경우에도 자세히 살펴보면, 자신의 부모, 예컨대 자신의 어머니를 바라보던 시각이 오직 자신의 입장에서만 보아 온 시각이라는 것을 깨달을 때가 있습니다.

그렇게 되면 다른 국면이 전개됩니다. 말하자면, 이제까지는 자기가 수난자라고 생각해 온 마음의 상처가 있었습니다. 그런데 그것이 다른 마음의 상처로 바뀌는 것입니다. 이번엔 치유를 위한 마음의 상처가 됩니다. 그때까지 알아차리지 못했던 어머니에 대해 두손 모아 빌게 되었을 때는, 그전에 자기 입장에서만 보아온 자신의 상처가 이미 아닙니다. 그것은 맺힌 것이 풀리는 상처입니다. 거기서 인간의 문제(갈등)가 해결되는 것입니다.

모두 자기 입장에서만 요구하고 있는 것이 문제입니다. 부부싸움에서도 그렇고 부모 자식간에도 그렇습니다. 부모의 한도 그밖의 갖가지 갈등도 다 그런 것입니다. 그것은 모두 무명의 세계에서 빚어지는 일들입니다. 그러나 한 가지 현상을 그 이유와 함께 바라볼 줄 안다면 사정은 달라집니다. 무명의 어둠, 오만한 주장을 고집하는 어둠에서 벗어나 다른 세계로 들어가는 것입니다.

인간은 단순히 감각적 존재라고만 할 수는 없지만, 우선 감각을 통해서 이런저런 생각을 하는 존재입니다. 그리고 여러 가지 일을 반성하며, 그럼 나는 이렇게 해보겠다는 둥 판단을 하는 주체성이 있습니다. 인간은 이런 판단력이라든가 의지라든가 의식 등이 있는 존재입니다. 그러나 인간은 이런 것뿐이라고 생각하면 안됩니다. 그러면 무명에 빠지고 맙니다. 인간의 존재는 더욱 심오한 것입니다. 그 내면 깊숙히 훨씬 심오한 것이 있습니다.

감각이라 해도 달다 쓰다는 느낌뿐 적당히 제어할 수 있는 그런 감각만이 아닙니다. 사람의 혀는 단것에서도 쓴맛을, 또 쓴것에서도 단맛을 알아챌 수 있습니다. 또한 의식의 세계도 논리적으로 이런저런 분석을 하고 깨친다는 그런 하찮은 무명의 도깨비 세계만이 아닙니다. 통찰(洞察)이라는 것은 뭔가 계시를 받듯이 주어지는 것이며 미상불 만남의 세계입니다. 논리의 세계 안쪽에 아주 깊은 통찰의 세계가 열리는 것입니다. 다시 그 안쪽에 통찰

어둠의 신비 185

도 전혀 미치지 못하는 "고토호기"(ことほぎ: 축복)의 어둠이란 세계가 있습니다. 우리는 거기에 뿌리를 뻗고 있습니다.

이 인간의 모습 어느 구석도 추상화하지 않고 그대로 반영함으로써만 참된 인간의 행복과 미래가 약속될 수 있습니다. 그밖에 다른 길은 없습니다. 지금의 문명은 의식과 그 언저리에만 집중되고 있으니까 모든 것이 추상화되고 만 것입니다. 그러니까 이제부터는 역시 "고토호기"(축복)의 어둠이란 세계로 복귀하지 않으면 안됩니다.

그 어둠 속에 들어갔을 때에는 심연 속에서 울려오는 영적 부름을 받게 됩니다. 내가, 내가, 하는 고약한 냄새는 모두 사라집니다. 그것이 진짜 탈락(脫落)이라는 것입니다. 거기서 비로소 참된 의미에서의 인생이 시작됩니다. 축복받은 어둠에의 "참여"가 시작되는 것입니다.

일본어에서는 "사랑한다"(아이스루 = 愛する)라는 말을 "가나시무"(愛しむ = "かなしむ")라고도 합니다. 이것은 무엇을 뜻하는가 하면, 사람들의 "가나시미"(悲しみ = "かなしみ": 슬픔), 아이의 "가나시미"(슬픔), 친구의 "가나시미"(슬픔)를 자기와 무관한 것으로 보지 않는다는 것을 뜻합니다. 그들의 "가나시미"(슬픔)가 자신의 "가나시미"(슬픔)가 되었을 때에 "가나시무"(愛しむ)라는 말이 나온다고 생각합니다.

이때 "가나시미"(슬픔)는 이미, 무명의 세계, 자기 주장의 세계, 자기 입장에서만 보는 세계의 "가나시미"(슬픔)가 아닙니다. 이렇게 할 수 있는 사람이 사회의 책임자가 되어야 합니다. 사랑할 수 있는 사람이어야 비로소 사회 책임자로서의 자격이 있습니다. 돈을 융통할 수 있는 사람이 자격이 있는 것은 아닙니다.

그렇게 사랑하는 일에 전연 무관심한 사람들이 사회의 책임자라는 "비애"(悲哀). 더구나 이런 "비애"를 사람들이 모른다는 "비애"! 이것이 현대의 민주주의라는 엉터리 사회의 양상입니다.

그것은 앞에서 말한 무명의 어둠뿐인 세계입니다. 거기엔 어떤 해결도 없고 치유도 진보도 없습니다. 다만 공허함이 더해갈 뿐입니다. 그러니까 축복받은 어둠의 고마움을 더욱더 깊이 체험하지 않으면 안됩니다. 그러기 위해서는 되도록 인간이 만드는 빛을 제한하고 진짜 어둠을 늘려가지 않으면 안됩니다.

축복받은 어둠 속에 있는 것 자체가 이미 하느님의 빛 안에 있다는 것입니다. 그 빛은, 우리가 아 빛이다 하고 감탄하며 쉽게 파악할 수 있는 것이 아닙니다. 그러니까, 이것이 빛이라는 둥 드러나게 떠드는 것은 엉터리 종교입니다. 빛은 축복받은 어둠, 인간 의식의 울림이 미치지 못하는 진정한 어둠 속에 이미 나타나고 있는 것입니다.

이제부터의 세계는 이런 지혜의 빛에 의거하지 않고서는 개척될 수 없습니다. 이 무명(無明)의 세계의 오만함을 조금씩 줄여가며 될 수 있는 한 제 손으로 자급자족하는 생활로 돌아가는 것, 이런 방향으로 나아가지 않으면 안될 것입니다.

앞으로는 축복받은 어둠을 동경하는 시대로 옮겨가지 않으면 안된다고 생각합니다. 이 어둠 속에는 뭔가 활활 타오르는 것이 있는 것 같습니다. 그것은 언제까지나 꺼지지 않는 불꽃 같은 것이 아닐까요.

〈후기에 갈음하여〉

〈아름다운 지옥〉

일본인들에게 직접 호소한다

법의 실체(實體)

자동차 소리도 기차의 울림도 미치지 못하는 장소가 일본에는 아직 존재한다. 신슈(信州)의 산악지대, 길 끊어진 숲속에 잠시 멈춰 서면, 자연은 얼마나 깊은 정적에 싸여 있는지, 또 얼마나 평온한지를 깨닫는다. 거기서 듣는 소리는 존재의 뿌리까지 해방의 자유로움을 준다. 암흑과 이상한 작열(灼熱)만이 보이는 우주 공간에서 귀환하는 우주 비행사는 부드러움과 "실재의 축복"(ことほぎ)이 감도는, 유일한 생명권인 지구를 보고 형용할 수 없는 감동에 휩싸인다고 한다. 바로 이 신비에 대해 우리는 합장(合掌)한다. 그리고 거기에 국경을 만들고 서로 싸우는 인간의 어리석음을 직감한다.

> 낮은 낮에게 그 말을 전하고,
> 밤은 밤에게 그 소식을 알려 준다.
> 그 이야기, 그 말소리
> 비록 들리지 않아도,
> 그 소리 온누리에 울려 퍼지고,
> 그 말 세상 땅 끝까지 퍼져 간다.…

주님의 법은 완전하여서
사람에게 생기를 북돋우어 주고,
주님의 증거는 참되어서
어리석은 자를 깨우쳐 준다.… (시편 19.2-4.7)

나도 또한 그들이 듣는 그 소리를 듣는다.

사람은 법을 이야기한다. 법에 근거하여 정의를 이야기하고 평화를 지향한다. 그러나 평화는 찾아오지 않는다. 왜 그럴까? 법의 실체(實體)가 어디에 있는지 모르기 때문이다. 법의 실체는 법학적 개념 속에도, 법률 책에도 없다. 그것들은 기껏해야 실체의 그늘이다. 법의 실체는 신심탈락(身心脫落)의 경지에 이른 이 안에서 볼 수 있는 모습, 하느님의 은혜가 열매를 맺은 모습이다. 하느님의 소리를 따르며 하느님의 바람에 힘입어 사는 이 안에 나타나는, 뭐라 형용하기 어려운 생명의 모습이다. 이 "탈락" 경지에 이른 단순한 사람은 예 할 것은 예라 하고, 아니오 할 것은 아니오라 한다. 거기에 인간 본래의 지향이 나타난다.

신심의 탈락은 의도적 수행(修行)의 성과는 아니다. 일시적인 사건도 아니다. 하느님의 참마음과 사람의 참마음 사이에 의식을 초월하여 일어나게 되는 영속적인 사건이다. 그것은 인생의 고업(苦業) 속에서 자신에게도 하늘에도 거짓말을 하지 않는 정직함에 대한 보답이다. 그 밑바탕에는, 사람이 알 수 없는 초월적인 분에게 무조건 전적으로 의탁하는 참된 정성이 없으면 안된다. 이 참된 정성을 신앙이라 부른다. 이 참된 정성이 어린 걸음과 삶, 거기에 바람이 분다. 법과 증거가 나타난다.

그러나 인간이 자신에게 나타난 그 모습을 파악하고 통어(統御)하려고 할 때, 모든 것은 사라진다. 실상(實相)은 허상(虛相)으로 대체된다.

학문의 세계는 허상의 세계다.

실상의 세계에서는 말 속에 법이 울린다. 영적인 바람이 분다. 관념적인 말은 의식 속에 갇혀 막혀 있어서 법의 울림은 전달되지 않는다.

허상의 세계에 부는 바람은 사풍(邪風)이다. 명예심, 금전욕, 욕망 등 갖가지 사풍이 통어되지 않은 채 사납게 불어댄다. 호기심도 그 중의 하나이지만, 그것은 흔히 진리(眞理)라는 가면을 쓴다. 진리란 그리스 후기에 비롯된 서구적 유산이며, 본래 정성(まこと = 誠, 마코토)과 떼어놓을 수 없는 것을 하나의 객체적 대상으로 만든 고약한 추상(抽象)이다. "마코토"(まこと)는 진실한 일[眞事]과 정성을 뜻한다. 어떤 일에 관계하는 이의 마음과 그에게 나타나는 실상(實相)은 결코 떼어놓을 수 없는데도 간단히 떼어놓고 말았다. 거기서부터 무책임한 사고(思考)가 시작되었다. 거기에 호응하여, 본래 "고토"(こと = 事, "實在")의 울림을 전하는 "고토바"(こと葉, "말")는 이념과 의미를 표현하는 "리넨고토바"(理念ことば)로, 곧 "이념의 말"로 살짝 바뀌어 갔다. 컴퓨터적 사고의 기점(起点)은 바로 거기에 있다. 실재(實在)의 법과는 관계없이 오직 인간의 망상에서 비롯된 사이비 법의 구름이 자욱히 끼고 있다.

자연과학은 자연의 법을 탐구하는 나그넷길에 올랐다. 그리고 언젠가 관찰이라는 수단뿐만 아니라, 이쪽에서 간섭하여 그 결과를 관찰하는 방법을 발견했다고 생각하였다. 이것을 실험이라고 부른다. 사람들은 획기적인 일이라고 자화자찬했다. 그것이 자기 입장에서의 간섭이라는 것을 아직 깨닫지 못하고 있다. 이런 실험의 근저에는 오만해진 인간의 추악한 시각이 있다. 그것은 관찰 대상을 창조된 삼라만상의 세계 전체에서 떼어낸 추상적·물질적 대상으로서만 바라보는 시각이다.

실제로는 어떤 존재든 창조된 세계 전체 안에서 그 전체와 상응 화합해야만 존재하는 "산것"〔生物〕이다. 창조된 세계 전체가 개개의 존재들 안에 저마다의 방법으로 반영되어 있다. 그러므로, 창조된 세계 전체를 모르고는 개개의 대상을 알 수 없으며, 세계 전체의 존재 이유와 삼라만상 개체들의 존재 이유를 음미하지 않고는 어떤 특정 대상을 음미할 수는 없다.

실험은 점점 그 규모를 크게 하고 간섭의 힘을 증대시켰다. 그리하여 환상은 더욱 방대해졌다. 소립자(素粒子)에 엄청난 힘을 가하여 실험하고 관찰한다. 그런 힘을 가한 사실은 어느새 잊어버린다. 그리고 소립자의 실상(實狀)을 파악했다고 착각한다. 원자력 무기는 물리학 진리의 성과라도 되는 양 생각하고 있는 것일까. 실제로는, 하느님의 지혜로부터는 아득히 멀어진, 인간의 악마적 작문(作文)의 결과이다. 그 기초에 인간 특유의 도구가 있다.

우선 논리다. 논리는 관찰자와 대상을 구별한다. 관찰자는 대상이 아니라고 한다. 그러므로 과학자와 철학자는 관찰자와 대상과의 경계를 어디에 둘 것인가 하는 문제를 놓고 토론한다. 어리석은 노릇이다. 양자는 구별할 수 없는 것이다.

〈후기에 갈음하여〉

다음은 수학이다. 존재하는 것은 어느 것을 보아도 둘도 없는 귀한 것이다. 같은 것은 하나도 없다. 그러므로 수를 셀 수는 없다. 수를 셀 수 있는 것은 인간이 제작한 것들 외에는 무엇 하나 존재하지 않는다. 수를 센다는 것도 논리와 마찬가지로 인간의 한 가지 견해에 지나지 않는다.

또한 기하학적(幾何學的) 발상도 그렇다. 인간은 직선이라든가, 사각이라든가, 삼각이라든가, 동그라미라든가를 생각한다. 그러나 자연계에 존재하고 있는 것들 중에 그런 형상은 하나도 없다. 그것은 인간의 추상적인 견해에 지나지 않는다. 미립자(微粒子)의 세계에 그런 구도(構圖)를 투입하는 것은 우스꽝스러운 일이다.

물리학자들 중에 그런 점을 깨달은 이가 한 사람도 없는 모양이다.

독초(毒草)는 흔히 최고의 약초일 수도 있다. 약초도 독초가 될 수 있다. 모든 게 인간의 무지의 결과이다. 인간은 끊임없이 어떤 결과만 알아채고 있는 데 지나지 않는다. 어떤 존재를 눈여겨보아도 그 존재 이유가 인간에게는 숨겨져 있고, 또 그 존재 이유가 숨겨져 있는 한, 어차피 인간은 아무것도 알 수 없는 것이다.

평화의 실상(實相)

하느님의 법은 신심탈락(身心脫落)의 장(場)에 하느님의 바람을 타고 나타난다. 거기에 평화의 실체가 있다. 법의 모습은 의식을 초월한 존재의 심층뿐 아니라, 깊은 명상, 사고, 정서, 감각 등의 개별 층에 그 울림을 전하며, 그 모양을 나타낸다. 거기에 평화의 실상(實相)이 있다. 신심탈락의 경지에 이른 사람은 이리하여 자신의 존재와 더불어, 평화에의 길이 무엇인지, 또한 평화를 저해하는 것이 무엇인지를 명백히 감지한다. 그러므로 평화를 지향하기 위해서는 그들이 말하는 바를 듣지 않으면 안된다. 평화를 현성(現成)케 하는 것은 정치가도, 경제인도, 학자도 아니다. 신심탈락의 경지를 이룬 이의 말을 성실히 따름으로써만, 그 따르는 수준만큼 평화가 실현될 수 있는 것이다.

현대인이 말하는 평화는 먼저 쾌락적 평화다. 상품의 생산을 증대시키고 이동의 속도를 더 빠르게 한다. 노고를 피하고 모든 것을 기계화시키려 한다. 그리하여 평화는 점점 더 멀어진다. 쾌락적 평화를 추구할수록 정신병, 암, 심장병이 급증한다.

쾌락적 평화와 관련해서 소유적(所有的) 평화를 추구한다. 그러나 많이 소유할수록 마음의 평화는 상실된다.

이런 그릇된 평화 추구의 상징이 도회지 생활이다. 그곳은 논리, 수학, 기하학의 독단장(獨斷場)이다. 어른들의 타락과 청소년들의 폭력의 온상이다.

평화는 의식적으로 의도적으로 추구한다고 해서 얻어지는 것은 아니다. 그래서 평화 추구를 정당화하는 표제가 주창된다.

가로되 자유, 가로되 민주주의다. 그러나 이런 표제를 주창하는 나라들에서는 예컨대 흑인이나 황색인의 처지는 고려하지 않는다. 그들의 주창은 단지 추상적 관념일 따름이다. 그런데 그것을 위해서는 지구를 파괴해도 괜찮다고 생각하는 것이다.

법의 실체에 뿌리를 내리지 않는 한, 그들이 평화를 추구할수록 평화는 멀어진다.
　평화는 주어지는 것이다. 하느님의 지혜 안에서 하느님의 바람을 타고 현성(現成)되는 것이다.

"파파라기" 문명

"파파라기"란 서부 사모아어로서, "해상(海上)에 나타난 사람"이라는 뜻이다. 우연히 해상에 나타난 것은 백인 선교사였다. 그는 하느님에 관해 좋은 이야기를 했다. 그러나 그의 생활방식이나 사고방식은 정말 기묘했다. 그가 와서 자리잡으면서 먼저 묘한 말을 하기 시작했다. 여기까지는 내 땅, 여기부터는 당신 땅이라는 것이다. 무슨 이유로, 무슨 권위가 있어 그런 말을 하는가?
　그런데 이 백인 사나이의 말에 의하면, 그의 생각은 언제나 옳았다. 그에게 반성 능력이라는 것이 없었다. 추장은 유럽으로 여행하여, 그가 왜 그런 식인가를 알아보려고 했다. 가 보니, 유럽이란 곳은 그런 곳이었다. 유럽 사람들은 하느님의 자리를 빼앗아 스스로 차지하고 갖가지 물건을 만들어 내어, 하느님을 빈약하게 만들고 있었다. 그들은 어리석은 일을 하여 그 갚음을 받고도 모른다. 더욱더 어리석은 일을 한다. 더구나, 그들만 그렇게 하고 있다면 또 참을 수도 있지만, 모든 인간을 거기에 끌어들이려 한다. 추장은 여행에서 돌아와서 그런 일을 자기 부족에게 자세히 이야기하여 들려주었다.

추장이 말한 대로다. 인간의 한 가지 작은 견해를 함부로 내세워, 알았다, 알았다, 신비의 열쇠를 발견했다! 하며 마치 귀신의 목이라도 벤 듯이 뽐낸다.

이나(伊那)의 골짜기 마을에 탁발(托鉢)하러 갔다가 돌아온 날 밤에 이상한 꿈을 꾸었다. 공습이 있고 고엽(枯葉) 작전처럼 독성의 약물이 살포된다. 모두 건물 안으로 들어가서 문을 닫아 걸지만 약물을 피할 수 없다. 비행기로 탈출하지만 소용없다. 발바닥이 하얘지며 썩기 시작했을 때 눈을 떴다. 이나(伊那) 골짜기의 논두렁길에 제초제가 뿌려져 있었던 것이 생각났다. 짚신을 신고 밟기에는 기분이 나빴던 것이다. 새삼스레, "파파라기" 문명의 한복판에 있는 자신의 서글픔을 느꼈다.

차창(車窓)에서 바라보면 농부들은 모두 고무장화를 신고 있다. 맨발로는 들어갈 수 없다는 것을 그들은 잘 알고 있다. 논의 벌레들은 지렁이를 비롯해 모두 죽고 말았다. 이 마을에서 거미가 집을 짓는 곳은 우리 논뿐이다. 모든 것은 자기 이익을 위해서라는 발상법이 몸에 배어, 수단·방법을 가리지 않는 많은 사람들, 방해자는 간단히 죽여 버린다. 자기 자식도 방해가 될 때는 예외가 아니다. 모든 것은 자기를 위해 있는 "물건"이며, 자기가 어떻게 하든 괜찮다는 것이다. 학문도 기술도 자기 이익을 위해 있어야 한다. 이것이 "파파라기" 문명이라는 자살 문명이다. 자기 자신을 죽이고 있다는 것을 모르는 맹목(盲目) 문명이다. 평화를 위해서라면서 원자력 무기를 슬쩍슬쩍 내보이는 광기(狂氣) 문명이다. 그리하여 오늘날 일본 사회의 모든 분야는 번설스러움과 외설스러움으로 가득하다.

평화와 "파파라기" 문명은 본질적으로 양립할 수 없다. 인간의 논리도 수(數)도 기하학도 각기 존재와 관련해서 그 나름의 위치를 부여받고 있지만 그것은 극히 사소하고 낮은 위치다. 그런데 "파파라기" 문명에서는 그것이 우상이 되고 절대적인 것이 되었다. 거기서 평화의 실상(實相)이 나타날 가능성은 없다.

"파파라기" 문명은 서구 문명의 밑바닥 흐름과도 상응하지 않는다. 그것은 지난 수세기에 걸쳐 진전돼 온 기형적(奇形的) 문명이다.

슬픈 업(業)

새끼줄무늬 토기에는 맺힌 것을 푸는 후련함, 넓어지는 넉넉함, 존재의 울림이 있다. 사회의 구성이 정착하게 되는 야요이(彌生)식 시대의 토기에 와서는 인간의 의식이 겉면에 나타난다. 승문(繩文) 토기 앞에 서면 우리 자신의 존재 심층에 승문 시대가 현존함을 느낀다. 이 현존은 인류 역사의 밑바닥에 흐르고 있는 신비전승과 그대로 만나면 훌륭한 수목으로 성장하리라고 여겨지는 깊은 뿌리 같은 것이다.

라인 강의 발원지에서 승문 시대와 같은 토기를 만난 적이 있다. 두서너 사람에게 물어보니, 모두 자기들과는 관계가 없다고 대답했다.

우리가 자기 존재 안에 실제로 오래된 옛 전승을 지니고 있다는 것은 크나큰 축복이다. 그러나 일본이라는 섬나라의 긴 역사는 축복의 역사의 연속이었던 것은 아니다. 이 섬나라만이 세계의 역사에서 예외가 될 수는 없었다. 야심, 억압, 정치적 공작, 기만, 살육, 전쟁 등이 계속되었다. 천황제와 봉건제의 긴 역사 속에서 일반 서민의 사회 심리는 사뭇 침전(沈澱)해 갔다. 큰놈한테는 질 수밖에 없다는 체념, 상전의 눈치를 보고 세상에 대한 체면을 염려하는 일본인 기질이 정착하였다. 한 사람의 인격의 무게는 사회적인 격식에 비례하여 평가되기에 이르렀다. 하느님 앞에서 너는 누구냐 하는 질문은 할 수 없다. 너는 누구냐 하는 물음은, 너의 직책은 무엇이냐 하는 말과 같은 의미가 되었다. 이런 무개인(無個人), 무인격(無人格)의 상황은 전쟁 준비에서나 평화운동에서나 부화뇌동(附和雷同)의 커다란 기반을 이루고 있다.

물론 일본의 역사는 이런 일반 민중의 상황만 살펴서는 설명할 수 없다. 일본 정신사(精神史)의 영웅들은 말할 것도 없고, 정치사, 생활사에서도 중요한 고비에서는 인격의 존엄성이 빛나고 있다. 에도(江戶) 전기의 사구라소고로(佐倉宗五郞), 명치 유신의 사이고다카모리(西鄕隆盛) 등은 일본인의 좋은 영상(映像)이다.

그러나 일반 민중의 기질로서 "에돗코"(江戶っこ: 에도 = 도쿄나기) 기질은 예외이고, 대개 체제에 순응하여 세상에 대한 체면을 중히 여기는 비굴성이 일본인 기질이다. 이 마을에서 아직 건재하고 있는 어떤 할머니는 결혼식이 끝날 때까지 자기의 상대가 어떤 사람인지 몰랐다는 이야기를 들려주었다.

제2차 대전 전에 전쟁으로 기울어지는 추세를 저지못한 것도, 전후에 "파파라기" 문명에 휩쓸린 것도 일본 사람들의 이 무인격(無人格) 상황이 가장 기본적인 원인이다.

이런 무인격의 사람은 어느 때 느닷없이 사풍(邪風)에 몸을 내맡긴다. 그리고 때로는 거기에 열중하기도 한다. 다른 이가 보지 않으면 괜찮다, 다른 이가 알아채지 못하면 괜찮다, 속일 수 있으면 좋다고 하는 것이다.

또 이런 일본 사람들이 집단 행동을 하다가 두려움에 사로잡히면 끔찍한 공황(恐慌) 사태가 빚어진다. 남경 학살이나 필리핀 촌민 학살의 근본 원인은 거기에 있다. 필리핀 주민으로부터 전쟁 당시의 학살 상황을 들었을 때 그 끔찍한 공황 사태가 눈에 선했다.

일본인은 두번 다시 전쟁을 해서는 안된다. 또 반드시 남경 학살이나 필리핀 촌민 학살 같은 만행을 되풀이할 것이다.

얼마 전에 큐슈(九州)의 가라쓰(唐津)에서 보낸 "멸치"(いりこ)를 받았다. 오래간만에 안심하고 먹을 수 있겠다며 식사 때마다 먹고 있었다. 쓰키지(築地)에서 생선 수매를 하고 있는 사람이 왔을 때, 이 즐거움을 얘기하자 그는 물끄러미 들여다보고

"염색한 것이에요!"라고 말했다.

그는 빨갛게 염색한 "다랭이"(참치)가 날개돋친 듯 팔린 이야기를 했다. 며칠 뒤 어떤 장례식에 갔을 때 스시(壽司: 초밥)가 나왔는데, 바로 빨간 "다랭이"가 얹혀 있었다.

이것은 극히 흔한 한 가지 예다. 자급(自給)하지 않는 한, 일본에서의 먹거리는 거의 전부 오염되고 있는 것이다.

『중앙공론』(中央公論)에 어떤 의사가 "오늘의 일본인은 암이든가 심장병으로 죽는다는 각오를 하는 것이 좋다"는 논문을 쓴 것을 보았다. 아연 놀라서 벌어진 입이 다물어지지 않았다.

지금의 일본 사람들은 서로 상대를 죽이고 있다. 들키지 않으면 괜찮은 것이다! 농민으로부터 식품 판매자에 이르기까지 자기가 팔고 있는 것을 그 자신은 결코 사먹지 않는다.
  이나(伊那) 골짜기의 한 노인은 이렇게 말했다. "일본의 인구가 너무 많기 때문에, 정부는 일본인 살육을 슬며시 계획하고 있는 것은 아닐까?!"

길[道]

명치(明治) 초기, 서구 식민지주의를 이기는 길로서 서구적 문명의 섭취를 결정하였을 때, 일반 풍조로서도 새로운 생활방식에 대한 동경 같은 것이 있었다. 그 중에서도 전래의 슬픈 업(業)으로 말미암은 생활방식을 초월한 한 인간으로서의 자유라는 것이 희망의 울림을 주기 시작하지 않았을까?
  전후(戰後)에, 이 자유와 비슷하나 근본적으로 다른 것, 곧 사이비 자유가 일본에 들어왔다. 그것은 사이비 민주주의와 함께 구가(謳歌)되었다. 아메리카에서 말하는 자유는 제멋대로 구는 방자함과 종이 한장 차이다. 참된 자유란, 법의 실체(實體)의 세계에 뿌리를 내리고, 평화의 실상을 자연스럽게 익혀 그대로 사는 인간의 양상이며, 그것은 인간의 존엄성과 같은 것이다. 그것은 다른 사람의 생각에 개의치 않고, 누구에게도 아첨하지 않으며, 권위나 체제에 엉너리쳐 영합하는 일 없이, 사람들을 마치 큰 나무의 그늘에 쉬게 하듯이 편안케 하는 풍모(風貌)요, 필요한 "때"를 명백히 내다보며 확실하게 대처하는 "참마음"이다.

이런 자유는 인류의 밑바탕의 흐름에 참여함으로써만 실현 가능하며, 오늘날 모든 일본인은 이 밑바탕의 원류(源流)에 삿대질을 하여 인류 공동의 배를 저어나갈 생각을 하지 않으면 안된다.

그때 비로소 과거를 향해서는 책임을 지고, 심기일전 미래를 향해 새로운 걸음을 내디딜 수 있을 것이다. 슬픈 업(業)을 극복하는 길은 과거를 똑바로 보는 일부터 시작하지 않으면 안된다. 구체적으로 말하면, 남경 학살, 필리핀 학살의 희생자들을 위한 묘지를 정적(靜寂)이 깃들인 땅에 건설하라는 것이다. 새로운 풍토를 건설하는 데는, 당연히 작은 국가주의를 극복한다는 목표가 추가되지 않으면 안된다. 그것은 정부가 지표(指標)로서 내세워야 할 일이 아니라 일본 사람들의 마음이 기도 속에서 지향해야 할 일이다.

나는 아이누족 사람들과는 접촉하고 있지 않지만, 고사족(高砂族 = 다카사고조쿠, 대만 원주민) 사람들과 접촉한 일이 있다. 한 부족의 중요한 자리에 있는 사람이었는데 그가 전쟁중의 이야기를 해주었다. 고사족은 일본군으로서 전쟁에 나가 함께 싸웠지만, 그후의 보상에 있어서는 다른 일본군 병사들의 대우와 달랐다는 것이다. 이런 문제는 우선 인간의 입장에서 생각하지 않으면 안된다.

여기에 상응하는 태도가 나타날 때 비로소, 일본의 해외 협력대가 달갑지 않다는 말을 듣지 않게 된다. 이 해외 협력대의 파견에 있어서도 난민 수용 문제가 먼저 고려되어야 한다. 모든 일본 사람들이 이 문제를 자기 자신과 직접 관계가 있는 문제로 생각지 않으면 안된다. 일본인의 진가가 추궁되고 있는 것이다.

최근 지방 국민학교의 목조 교사들을 속속 허물고, 철근 콘크리트 교사들을 신축하고 있다. 상부의 주문이다. 도쿄 국립병원에는 그다지 필요하지도 않은 기계를 사들이게 하고 건물도 세우게 한다. 정부의 돈이 남아돌기 때문이다. 정부의 잔여금 사용 자문기관을 민간 식자(識者)들로 구성하면 어떨까?

이러한 사정들은, 일본이 이대로 나가다가는 새로운 시대에 살아남을 수 없다는 표징들이다.

나카소네(中曹根) 군은, 이미 국제 협력을 하고 있다고 말할는지 모르지만, 미국과의 군사적 협력 같은 것은 과거의 일독(日獨) 협정과 같은 것이다. 원자력 발전소의 잔재물은 약간 재처리하면 원자폭탄이 된다는 것은 미국에선 상식이다. 따라서 미국에서는 여론의 반대로 원자력 발전소를 설치할 수 없게 되었다. 그래서 일본과 동남아시아에 원자력 발전소를 수출할 것을 미국은 정책적으로 결정하였다. 왜 그런 진상을 숨기고 온통 거짓말을 늘어놓고 있는가. 이나(伊那)의 골짜기에까지, 원자력 발전소가 마치 행복의 천사나 되는 것처럼 선전하는 포스터를 붙이고 있다. 자기 국민을 속이면서 국제 협력이니 뭐니 하는 것은 있을 수 없는 일이다.

이 점과 관련해서, 학자들과 교수들에게 한마디 하겠다. 제2차 대전 전에, 당신들과 같은 입장에 있던 사람들은 목숨을 건 발언을 했다고 생각하는데 당신들 생각은 어떠한지 … 하긴 매스컴의 정보 과다도 발언이 제대로 미치지 못하는 한 가지 이유가 된다.

또 한 가지 제언(提言)을 하고 싶다. 일본 사람들은 자주 여행을 하는데, 이제 행락(行樂)의 차원을 조금이라도 넘어서면 어떨까. 자유국가들뿐 아니라, 중국의 민중이나 혹은 러시아의 민중과의 민간 레벨의 교류를 진지하게 고려해 주기 바란다. 정부가 주도권을 가지는 것이 아니라, 민중 자신이 주도권을 가지는 민간 교류가 평화의 기초로서 꼭 필요한 것이다.

끝으로 교육에 관해서 한마디.

일본이 이대로 망하느냐, 인류의 중요한 일원으로 탈바꿈하느냐의 기로에 우리는 서 있다. 이런 절박한 상황을 통찰하여 "파파라기" 교육을 완전히 폐기하지 않으면 안된다. 논리나 수를 가르칠 때도 그것은 절대적인 진리가 아니라, 인간의 한 가지 견해 또는 시각에 지나지 않는다는 것을 가르치지 않으면 안된다. 하나하나 둘도 없는 귀중한 존재들에 대한 경외심을 산몸에 간직하고 구현하는 젊은이들이 자라지 않으면 안되는 것이다. 그럴 수 있도록 교사들 스스로 수행의 길로 나서시라.